英語の語源あれこれ辞典

Essays in English Etymology

下宮　忠雄
SHIMOMIYA Tadao

文芸社

まえがき
（preface, Vorwort, avant-propos）

筆者の『英語の語源10章』（文芸社、2013）を読みやすいように、見出し語のアルファベット順に書き換え、内容をupdateした。

索引を利用して、探している単語を見つけていただきたい。

西武池袋線小手指（こてさし）のプチ研究室にて

2022年11月　　　　　　　　　　　　下宮忠雄

魔女の百科事典

┌─── パンと水と塩（bread, water and salt）───

人間にはパンと水と塩が必要だ。　次は塩を讃える詩

Salt is the gift of the ocean,　　　塩は大海の贈り物。

The color of snow,　　　　　　　雪の色、

The taste of tears,　　　　　　　涙の味、

The enormity of oceans.　　　　　大海のように無限だ。

　［2002年、SASの機内食にあった］

印欧語族の系統樹 （シュライヒャー、1861）

　アウグスト・シュライヒャー（August Schleicher, 1821-1868）は
ドイツの印欧言語学者で、イェーナとプラハで教えた。

　印欧語族の系統樹説（Stammbaumtheorie, 1861）は、木の根から
木の幹が生じ、幹が枝に分かれ、枝がさらに小さな枝に分かれるよ
うに、印欧祖語（Urindogermanisch, Proto-Indo-European）から数個
の語派が分かれ、語派がさらに個別言語に分かれて、今日の印欧諸
語（indogermanische Sprachen, Indo-European languages）が成立した。
英語の発祥地はインドである。英語は Indo-European 印欧語族の言
語であるから。（マンフレード・マイルホーファー著、下宮訳『サ
ンスクリット語文法』（改訂版、文芸社、2021）

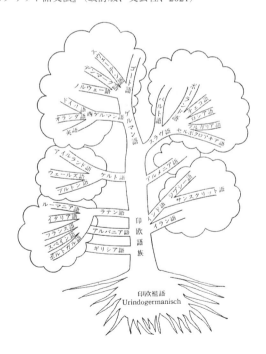

目　　次

A

a ［ə］, **an** ［ən］（不定冠詞）a book, an apple, a は古代英語ān「1」の弱形。12世紀ごろから子音の前でa, 母音の前でan が用いられ始めた。17世紀にはa harp, an harp のようにa と an の区別が動揺していた。強形ān はone となった。ドイツ語ein Buch アイン・ブーフ'a book' もフランス語un livre アン・リーヴル'a book' も不定冠詞は数詞「1」から発達した。印欧祖語*oinos オイノス「1」がラテン語ūnus ウーヌスになった。

a-¹ ［ə］接頭辞で「…に、…へ、…の中に、…の中へ」（on, to, in）の意味。alive 生きて、along…に沿って、aside わきに、asleep 眠って、away 去って。古代英語an（on の意味の前置詞）から。twice a week「週に2回」のa も同じ。

a-² ギリシア語の接頭辞。…がない（not）の意味。母音の前ではan- となる。atheism 無神論；anarchy 無政府状態（ギarchē 支配）。印欧語根は*n̥で、英語unkind のun- はその発達形。

ab- ［æb-, əb］ラテン語接頭辞で「…を離れて」away, from の意味。absent 欠席している。-sent はラテン語esse（エto be）の現在分詞；abstract 抽象；abuse 悪用。［ラ ab- はギ apó…から、と同根］

Aberdeen ［ˈæbərdíːn］地名。アバディーン（Scotland の都市）。ケルト語で「ドン川の流れ」。deen は don ドン川の；aber は「河口」。

academy 学園、学院 。ギリシア語Akadēmeia アカデーメイア。プラトンが教えていたアテーナイ近郊の庭園の名。

Arabic（アラビア語が英語に）

　アラビア語の特徴は定冠詞al である。alchemy（錬金術）、alcohol（アルコール）、algebra（代数）、assassin（暗殺者；al- > as-）。以下は、定冠詞がないが、cotton（木綿；スペイン語経由で）、nadir（天底）、sherbet（シャーベット；原義は飲み物）、syrup（シロップ；原義は飲み物）、zenith（天頂）、zero（ゼロ）。天頂、天底など、アラビア人は天文学にも詳しかったことが分かる。ゼロはアラビア人の発見で、フランス語chiffre を通して英語cipher（ゼロ、暗号）に入った。

その派生語decipherは「解読する」。世界のお尋ね者Al-Qaida（アル・カーイダ）はアラビア語で'the basement'（基地）の意味。2001年9月11日、ニューヨークのWorld Trade Centerに飛行機が突っ込み、死者3000人、負傷者6000人を出した。彼らはアメリカの繁栄を嫉妬しただけじゃないか。

Persian（ペルシア語）、Turkish（トルコ語）も参照。

B

basic 100 words（基本語100語）**の語源**

ここにあげる基本語100語はアメリカの言語学者モリス・スワデシュ Morris Swadeshが言語年代学（glottochronology, 1952）という学問を世に問うたときの資料である。スワデシュによると、語彙は1000年の間に81％が保たれ、19％が失われるという。二つの言語が同系（cognate, co-gnātus, 同じ生まれの）の場合、たとえば英語とドイツ語は、1000年後に81％×81％＝66％が残るはずである。この割合で計算すると、英語とドイツ語が分かれた時期は1600年前、つまり、西暦400年ごろとなる。

その後、いろいろな言語に関して、不都合な結果が出たので、言語年代学は話題から消えたが、基礎語彙（basic vocabulary）という考え方は学習上、有効であり、いまも生きている。基礎語彙は100語、200語、215語があるが、ここでは100語のリストを掲げる。

1. all；2. ashes；3. bark樹 皮；4. belly；5. big；6. bird；7. bite；8. black；9. blood；10. bone；11. breast；12. burn（自動詞）；13. claw；14. cloud；15. cold；16. come；17. die；18. dog；19. drink；20. dry乾 い た；21. ear；22. earth；23. eat；24. egg；25. fat脂；26. feather；27. fire；28. fish；29. fly；30. foot；31. full；32. give；33. good；34. green；35. hair；36. hand；37. head；38. hear；39. heart；40. horn；41. Iわたくし；42. kill；43. knee；44. know（事実を）；45. leaf；46. lie横たわっている；47. liver；48. long遠い；49. louse；50. man；51. many；52. meat；53. moon；54. mountain；55. mouse；56. mouth；57. name；58. neck；59. new；60. nose；61.

not；62. one；63. person；64. rain；65. red；66. road；67. root；68. round；69. sand；70. say；71. see；72. seed；73. sit；74. skin 皮 膚；75. sleep；76. small；77. smoke 煙；78. stand 人　が；79. star；80. stone；81. sun；82. swim；83. tail；84. that；85. this；86. thou；87. three；88. tongue；89. tooth；90. tree；91. two；92. walk；93. warm 天 気 が；94. water；95. we；96. what ?；97. white；98. who ?；99. woman；100. yellow.

44.の know に注釈がついているのは、英語は I know him も I know it も同じ動詞だが、ドイツ語は ich kenne ihn イッヒ・ケンネ・イーン、私は彼を知っている、と ich weiss es イッヒ・ヴァイス・エス、私はそれを知っている、のように、異なる動詞を用いるからである。フランス語も je le connais ジュ・ル・コネ、私は彼を知っている、と je le sais ジュ・ル・セ、私はそれを知っている、と動詞が異なる。

　このリストはアメリカインディアン語やアフリカの言語も考察の対象にしているので、都市生活に慣れている人には、意外と思われるものも多い。数詞は one, two, three しかなく、father も mother もない。I, thou, we はあるが、ye きみたち、he, she, it もない。do, make, read, write などの動詞がない。

　そこで、読者のみなさん、このリストを見て、感想を 3 つほどあげてみてくださいませんか。不要と思われるもの 5 つを削除し、その代わり、補充したいものを 5 つ出してみてくださいませんか。これは、言語学概論の授業で学生に課題として出したものである。

　早速、とりかかってみよう。

1.　家族関係の語彙が全然ない。

2.　eat と drink はあるが、食品は egg, fat, fish, liver, meat しかない。これと water があるから、生きてはゆけるだろうが。

3.　基本語なのに、フランス語からの借用が 3 語、mountain, person, round がある。ノルド語（北欧語）からの借用語が 1 語、die がある。フランス語は、それぞれ、montagne モンターニュ、personne ペルソンヌ、rond ロン、である。die はノルド語（ヴァイキングが

もたらした）deyjaデイヤ、より。

4. 立派にゲルマン語的（good Germanic）なものが81語ある。それはドイツ語の対応語があることで分かる。all, ashes, bite, blood, breast, burn, cold, come, drink, dry, ear, earth, eat, egg, eye, fat, feather, fire, fish, fly, foot…

5. 立派に印欧語的（good Indo-European）なものが50語。come, eat, egg, eye, fish, foot, full, heart, I, know, one, red, see, sit, stand, sun, thou, three, two, water, what, who…

6. 削除してもよいと思われる5語、たとえばbelly, breast, claw, louse, skin.

7. その代わり、入れたい5語、たとえば、father, mother, son, daughter, house.

　基本語100語をもう少し検討してみよう。入門書には必ず出てくるa, an, the, be, have…がない。原始的な社会では、定冠詞や不定冠詞は必要がなかったらしい。実際、日本語、ラテン語、サンスクリット語、現代のヨーロッパの中ではロシア語、フィンランド語にaやtheにあたるものがない。それらは数詞oneや指示代名詞this, thatがあれば十分だった。

1. 私は本を持っている。I have a book.

2. その本なら私が持っている。I have the book.

をロシア語では

1. U menja kniga. ウ・メニャ・クニーガ。u menja私のところに、kniga クニーガ（本が）。…がある（is）の動詞は省略される。

2. Kniga u menja. クニーガ・ウ・メニャ。（その）本は私のところにある。1. のknigaはa book, 2. のknigaはthe bookである。a bookとthe bookの区別は語順で示される。

　be動詞がないのは不思議だが、ロシア語ではI am a student. をJa student. ヤ・ストゥジェント、と言い、amもaも表現しない。

C

Celtic（ケルト語、イングランドの原住民の言語）

　イングランドは、最初、ケルト人が住んでいた。その後、6世紀から8世紀にかけて、アングル人やサクソン人（ともにゲルマン民族）が大陸から入ってきた。ケルト人はイングランドを追われ、ブリテン島からフランスに逃れて、ブルターニュ（Bretagne）に定住した。Bretagne は Britannia のフランス語の形である。フランスの北部にある Bretagne と区別するために、もとのブリテン島を Great Britain と呼ぶようになった。

　ケルト語は印欧語族（Indo-European languages）の言語の一つで、人名ロイド Lloyd（褐色の、の意味）はケルト語である。ケルト民族は、かつて、ヨーロッパに広く居住していたので、ケルト語の名残は、随所にみられる。イギリスには Aberdeen, Cardiff, Exeter, Glasgow, Manchester, Penzance, Winchester がある。

　London は、語源不明としている本が多い。フランスの『固有名詞語源辞典』（A.Cherpillod, Dictionnaire étymologique des noms géographiques. Paris, 1991）はケルト語 Lan-din（湖の城塞；lan「湖」、din「城塞」）としている。

　英語とケルト語（ウェールズ語を含む）が、いかに異なるかを示そう。England, Oxford, Wales をウェールズ語で Lloegr［ロイグル］、Rhydychen［ラダヘン］、Cymru［カムリ］という。つまり、全然、別物に見える。ニッポンとジャパン以上の差である。Rhyd-ychen について見る。rhyd は英語の ford で、これは語源的に説明ができる。語根は *per-, *por-「渡る」で、英語 fare（farewell；ドイツ語 fahren），これに名詞語尾 th がついたものである。ychen = oxen で語源的に一致している。「牛が渡るところ」である。rhyd の前の p はケルト語で消失する（ラテン語 porcus = ケルト語 orcu「クジラ」）。Cymru は *com-brogi「同じ国の」brogi = mrogi, merg-「国境」、Den*mark*（デーン人の国境）。

　低地ドイツ（Niedersachsen ニーダーザクセン州）からイングラン

ド（ローマ人はBritanniaと呼んでいた）に侵入してきたアングロ・サクソン人は先住民ウェールズ人たちを徹底的に苦しめた。ボロウ（George Borrow, 1803-1881）のWild Wales（1862）を読むと、サクソン人がいかに残忍であったかが分かる。

その第52章The treachery of long knives（長剣の裏切り）に次のような記述がある。南ウェールズの征服をたくらんでいたサクソン人ヘンギストHengistはStonehengeの近くで晩餐会を開くからくるようにとウェールズの首長たちを招待した。策略を疑わなかった首長たちは指定された日時に現れ、テントの下で宴会が始まった。首長の隣席には一人ずつサクソン人の部下が座っていた。頃合いを見て、Hengistは部下たちにアングロサクソン語（古代英語）でnemet ēoure saxesネメット・エーオウレ・サクセス「おまえらの剣をとれ」と合図した。こうして無防備のウェールズ首長たちは全員が喉（ノド）を突かれて死んだ。3人だけは招待に従わず、難を逃れた。

英国の先住民絶滅は1825-1877年、オーストラリア南のタスマニア島でも行われた。ウィーン民族学派のヴィルヘルム・シュミットWilhelm Schmidtは、宣教師の残した文献から『タスマニア諸語』の大著を完成した。Die tasmanischen Sprachen. Utrecht-Anvers, 1952, 521頁。

ケルト語（Celtic）は紀元前数世紀のころは西ヨーロッパからギリシア、バルカンを経て、アナトリア半島（いまのトルコ）まで広がり、小アジアにGalatea（Galliaと同源；gal- 勇敢な）の名を残した。その後、ゲルマン語やラテン語の進出により、ケルト語は西ヨーロッパの片隅に追いやられた。ケルト語は次の二つに大別される。

（1）大陸ケルト語（Continental Celtic）

（2）島嶼（とうしょ）ケルト語（Insular Celtic）

に大別される。

（1）はガリア語（Gaulish, フランス、ベルギー）とケルト・イベリア語（Celtiberian, イベリア半島のケルト語）（2）はブルトン語（Breton, ブリテン島からサクソン人に追われてフランス西端のブル

ターニュに移住したケルト人の言語）、コーンウォール語（Cornish）、ウェールズ語（Welsh）、アイルランド語（Irish）、スコットランド語（Scottish）、マン島語（Manx, Isle of Man）の総称である。

大陸ケルト語は人名、地名、語彙、碑文にのみ残る。島嶼ケルト語は、英語やフランス語の進出のために、言語人口は減少の一途をたどり、ウェールズ語の話し手は、イングランドのウェールズ地方に英語との二言語併用者（bilinguals）57万（単独話者3万を含む；Ethnologue 1996）、アイルランド語26万（1983）、スコットランド語7.5万、コーンウォール語（Cornwall地方に）150 fluent speakers（Ethnologue 1996），マン島語は第二言語話者200 〜 300（Ethnologue 1996），ブルトン語はブルターニュ地方に50万（Ethnologue 1996）ないし20万（原聖編『ケルト諸語文化の復興』2012）となった。

ケルト出身の著名人にエドワード・ロイド（Edward Lloyd, 1648-1713）がいる。ロイド船級協会の創始者である。ロンドンのテムズ河畔にコーヒー店を開いた。客は船員が多かったため、彼らの船名表を作り、1696年から海外情報を載せたロイド・ニュースを発行、のちに、そのコーヒー店は船舶売買のためのブローカーの集会所となり、船舶に等級をつける制度が作られた。1834年にロイド船級協会が設立され、この分野で世界的権威になった。underwriter（署名者）は「海上保険業者」の意味に用いられた。Lloyd, Lhuyd, Llwydはウェールズ語で「褐色の」の意味で、髪か肌の色から名づけられた。エBrown、ドBraune、フLebrun（ルブラン）も同様である。

英国の先住民の言語であるケルト語が英語に残した単語は意外に少ないが、特筆すべきはrich, loch, slogan, whiskyである。

rich（原義：有力な）はドイツ語reichライヒ、フランス語richeリシュ、スペイン語ricoリーコ、イタリア語riccoリッコにも入っている。

loch［ロッホ］はスコットランド地方の「湖、入り江」で、英語lakeと同源である。

whisky, whiskeyはスコットランドが世界にその名を売った銘酒で、語源はusquebauch［ˊʌskibɔ:］＜uisge beatha［イスキ・バハ］'living water, water of life'「生命の水」、ラテン語aqua vītaeアクワ・ウィータエ cf.aquavit，フランス語eau de vie［オ・ド・ヴィ］を訳したものである。

slogan スローガン、も英語を通して世界語になった。

car（車）はラテン語carrus［カルルス］、フランス語charシャール（cf. chariot）、イタリア語carro［カルロ］からだが、その前はケルト語*carrom（*carros, *印は推定形であることを示す）である。アイルランド語carr［カル］、ウェールズ語car［カル］。フランス語charはラテン語ca-[ka-]の音韻発達の結果だが、この単語は古風で、いまはカナダのフランス語に用いるだけである（1992年、カナダのケベックで体験した）。「車」の標準フランス語はvoiture［ヴォワテュール］である。そのもとはラテン語vehiculum［ウェヒクルム］で、vehō［ウェホー］「運ぶ」に語尾-iculum（道具を表す）がついた。carからcarry（運ぶ）が作られた。

ほかに、cairn（ケルン、石塚）、clan（氏族）、druid（ドルイド、ケルトの僧侶）、galore（十分に；beef and ale galore）、glen（小谷、峡谷）、menhir（メンヒル；巨石＝ギリシア語のmegalith）などがある。ドルイドはケルト人の予言者・詩人・裁判官・魔法使いでもあった。その語源はdru-wid 'tree-knower'「樹木を通して神の意思を知る者」（Harvard大学教授Calvert Watkins）である。

英国の作家George BorrowのWild Wales（自然の豊かなウェールズ、1862）はウェールズ地方の生活・言語・文学を情熱的に描いている。ボロウは一流の作家ではないが、The Bible in Spain（1843）の作者として知られ、通常の辞典にも文学辞典にも登場する。彼は30言語（バスク語や満州語も）を習得し、それらの文学作品を原語から英語に翻訳している。英国にいるジプシーと親しく交わり、彼らの生活と言語に関して4冊の本を書いた。16歳のときにウェールズ語の学習を開始し、ウェールズ最大の詩人Dafydd ap Gwilym

（1310-1370ごろ）や、ウェールズのシェークスピアと彼が称する Twm o'r Nant（1739-1810）に親しんだ。しかし、彼は作家として、ひとり立ちできるまで、ウェールズ地方への巡礼の旅を延ばした。1854年7月から10月まで、妻と娘（妻の連れ子）と一緒にウェールズを旅したが、家族が汽車を利用する区間を、自分は一人で歩き、ウェールズ人と会話することを好んだ。あるときは山間の道なき道を、あるときは沼地をくぐり抜けた。Wild Wales は、得意のウェールズ語を駆使しながら、ウェールズ全土を駆け巡り、親しく見聞した記録である。そこには作家の紀行以上のものがある。

　Wild Wales にはケルト語の単語と地名が70項目でてくる。そこから少し紹介する（部分的に、ほかからも補充）。

　caer［カイル］「城」は英語 castle, フランス語 château［シャトー］と同じくラテン語 castra［カストラ］からきて、ウェールズの地名 Caerdydd［カイルディズ；dd は ð］、英語綴りは Cardiff「Taff川の城」。Caeredin［カイレディン］は英語 Edinburgh にあたる。Caernarvon［カイルナルヴォン］は Mona 島の町で、Mona（英語名 Anglesey, アングル人の島の意味）の m がケルト語特有の子音変化で f となり、mon が fon となる。Mona は Isle of Man（マン島）の Man（山、丘）と同源である。Carmarthen は caer + maridunum「海辺の町」の意味である。

　ラテン語に近い形の castell（小さな城）は Castell y Waen［カステル・ア・ワイン］「牧場の城」に見える。これは英語名 Chirk Castle で、y［ə］は定冠詞、gwaen［グワイン］が女性名詞のため gw が w に変わる。

　dun［din］「丘、町」は英語 down と同源で、Dumbarton は dun + Briton ブリトン人の丘、町。Dunbar は dun + barr「丘の町」。Dundee は dun + Tay（Scotland 最長の川）河畔の町。フランスの地名 Châteaudun シャトーダン「城の町」に似ている。フランスの地名 Lyon リヨン、は Lugdunum からきて、ケルト神 Lug（ルグ）の町の意味である。北ウェールズの山 Eryri［erʹəri］（1080メートル、英語名

Snowdon）はウェールズ語で「鷹の住処」の意味で、神秘の霊が宿ると伝えられるこの山について George Borrow は「山も湖も滝も絵のように美しく、自然がこれほど壮麗な姿を現しているところは、ほかにない。登山の途中の美しい谷をまたぐ橋の上に立っていると、まるで、天国にいるような心地だ」と書いている。

英語名 Snowdon の don はケルト語 dun（丘）で、このあたり一帯は Snowdonia 国立公園になっている。-ia は Russia, Scandinavia などでおなじみのラテン語尾で国や地域を示す接尾辞である。

写本 Exeter Book に名を残した Exeter は Exchester, つまり、Exe 河畔の城で、ここにもローマの痕跡が見られる。川の名 Exe はラテン語 aqua（水）であるから、Donau, Danube（don, dan は「川」）などと同じ命名法である。

ミニ蒸気機関車が走る Ffestiniog［festiniog］は「防衛地」の意味である。この鉄道は Snowdonia 国立公園の事業の一部で、夏の間だけ運行している。

スコットランド第二の都市 Glasgow は「緑のくぼみ」の意味で、のどかな田園地帯を思わせる。1707年、England と Scotland が連合すると、グラスゴーの港はアメリカ貿易と西インド貿易で繁栄した。ここの大学はアダム・スミスが経済学教授として活躍したことで知られる。

llan（教会）は英語 land と同じ語源である。ウェールズの村は大抵この語で始まる。Llanfair［ランヴァイル］「聖マリア教会」は llan のあとに Maria の属格 Mair が置かれる。ケルト語特有緩音化（lenition）によって Mair が Fair となり、f が［v］と発音される。ここから世界一長い駅名が生じた。

Llanfairpwllgwyngyllgogerychwyrndrobwllantysiliogogogoch

「聖ティシリオ赤洞窟前の渦巻く早瀬のそばにある白湖およびハシバミの木の近くのくぼみにある聖マリア教会」

最初は Llanfairpwllgwyngyll（白湖およびハシバミの近くの聖マリア教会）の20字だけだったが、ビクトリア時代19世紀に「急渦の

かなり近く gogerychwyrndrobwll」と「赤洞窟近くの聖 Tysilio 教会 llantysiliogogogoch」が加えられた。今は乗車券自動販売機に載せるために Llanfair P.G.（聖マリア教会白湖）と短くなっている。

llyn［lin］「湖、水たまり」は Dublin（'black pool' の意味）の後半にはいっている。Blackpool はイングランド西海岸の海水浴場になっている。

Manchester は man「山、まるい丘」、chester は「城」。18 世紀末の産業革命で大商業都市に発達し、ロンドン以上の人口を抱え、イギリス最大の都市となり、世界の市場の栄光を享受した。世界最初の鉄道（1830 年）がマンチェスターとリバプールの間を走った。この chester はフランス語からだが、北フランス語形の「城」caster が地名 Lancaster（Lan は川の名 Lune より）に見える。

同じ -chester をもつ Winchester（ケルト語 venta「気に入った」＋城）は Cathedral（大聖堂）で有名だが、1079 年に建設が始まり、300 年かけて完成した。ここは 7 世紀後半、ウェセックス王国（Wessex ＜ West Saxon）の都となり、その後の歴代の支配者、11 世紀の征服王ウィリアム（William the Conqueror, 1066）らが戴冠式を行ったところである。Winchester は好まれた名らしく、アメリカの Indiana, Kentucky, Massachusetts, Virginia にもこの名の都市がある。

アイルランド行きの船が出る Holyhead（聖なる岬、head は頭、先端、岬の意味）のある島は Anglesey だが、これはアングル人の島（ey は島）の意味。島のケルト名 Mona［moːna］は Isle of Man の man（山、丘）と同じ語源。古い地名は「山」とか「川」の意味が多い。ライン川のラインもケルト語で「流れ、川」の意味である。

ケルト語の「峡谷」は glen が多く、Glen Carron, Glen Coe, Great Glen, Glenfinnan などが地図に見える。ほかに nant（深い峡谷；'brook, gorge, ravine'）、cwm, cumb, coomb（狭い峡谷）がある。nant の名をもつ作家 Twm o'r Nant（Tom of the Dingle, 1739-1810）はウェールズのシェークスピアと呼ばれる。10 人兄弟の長男で、両親は貧しく、8 歳のころ、夏に 3 週間だけ学校に通わせてもらった。

火事にあった文房具店から、すみの焦げた紙を安く分けてもらって、それに詩を書いた。

　pen, ben はアイルランド語 kenn［ken］に対応し、「頭、岬、頂上」の意味である。ケルト祖語の*k がアイルランド語・スコットランド語では p になる。pen, cenn はケルト祖語*kwept-sno- より。Dublin 行きの船の発着地 Holyhead のウェールズ語形は Pen Caer Gybi という。イングランド最南端の名ペンザンス Penzance は penn sanctus（聖なる岬 holyhead）が短縮した形で、sanctus はラテン語である。スコットランドの最高峰 Ben Nevis は「雲にかかる岬」（ben 岬；nevis 雲）の意味で、その名のウィスキーは東京池袋駅のロンドンパブで飲むことができた（1990 年ごろ）。

　pont（橋）はラテン語 pons（属格 pont-is）からの借用で、Pont y Gwr Drwg［gu:r dru:g］「悪魔の橋；Devil's Bridge」というのがある。むかし、悪魔があの橋を作ったのだ。あんなところに橋を作れるのは悪魔だけだ（y gwr drwg 'the evil man', gwr 'man' = ラ vir）。

　ウェールズ地方の人口は 250 万なのに、言語人口はわずか 57 万である。英語の進出のためにバイリンガルが多く、モノリンガルはわずか 3 万である（Ethnologue 1996）。この事情はスペインやフランスのバスク語に似ている。

　しかし、政府は鉄道や道路の表示をウェールズ語と英語で併記し、小数言語の保存を心がけている。ロンドンから西方へ汽車で 3 時間のところにウェールズ州都カーディフ駅があり、Caerdydd/Cardiff のように記されている。観光パンフレットには Croeso i Gymru/Welcome to Wales とある。croeso［ˈkrɔiso］'welcome'；i Gymru［igʌmri］'to Wales'. Wales のラテン語形 Cambria がウェールズ語で Cymru［ˈkʌmri］であるが、前置詞 i の前で Gymru となる。［k］→［g］のような現象を lenition（軟音化）と呼び、ケルト語一般の特徴となっている。

city と cité. 英語の city はフランス語 cité からきたが、フランス語 cité は cité universitaire 大学都市、とか île de Cité（イール・ド・シテ、

または単にla Citéシテ島、セーヌ川のパリの中心部にある）のように使用範囲はせまい。the City of Parisはla ville de Parisという。citéの語源はラテン語cīvitāsキーウィタースで、これはcīvisキーウィス「市民」の集合名詞である。-tāsはuniversitāsウニウェルシタース（学問の総合）にあり、これがuniversityとなる。

cure治療：not cure but care治療よりもケア（配慮、介護）日野原重明（1911-2017）のことば。

D

days of the week（曜日の名）

　アンデルセン童話『週の日』（1868）は、日曜日、月曜日、火曜日たち7人が集まって、パーティを開く話である。ぼくたちは、いつも日程が詰まっていて、とても忙しいんだ、だが、たまには息抜きをしなくちゃ、というわけで、4年に一度、うるう年の2月の最後の日に、食べたり、飲んだり、おしゃべりをして、過ごすことにし、その日は、日曜日が座長をつとめることになりました…。

　日曜日は週の最重要日です。神さまは天と地を作り、山と川を作り、人間と動物を作り…そして、最後に、7日目にお休みになりました…日曜日は「週」の意味にもなり、週の起点でもあります。そこでポルトガル語では「月曜日」を「第2日」segunda feiraセグンダ・フェイラといい、アイスランド語では「火曜日」を「第3日」þriðjudagurスリジュダーグル 'third day' という。ロシア語は「月曜日」を「仕事をしない日の翌日」、「火曜日」を「第2日」という。

　曜日名は「太陽の日」「月の日」のような天体名planetary namesと「マルスの日」「ユピテルの日」のような神の名（deity names）がある。順番に見てみよう。

1.　日曜日。エSunday太陽の日、ドSonntagゾンターク、太陽の日、フdimancheディマンシュ、スdomingoドミンゴ、ポdomingoドミンゴ、イdomenicaドメニカ、ラdies Solisディエース・ソーリス、ロvoskrešenjeヴァスクレシェーニエ（復活の意味）。英語、ドイツ語など、ゲルマン語はすべてラテン語dies Solis（太陽の日）を訳した

ものである。フランス語、スペイン語、ポルトガル語、イタリア語は「主（イエス・キリスト）の日」の意味で、「日」が省略されている。ラテン語Dominusドミヌス（主、神）はdomusドムス（家）の派生語で、「家の長」が「主人」となり、キリスト教の世界で「神」の意味に用いられるようになった。dominusの形容詞dominicusが「主の」の意味だが、ラテン語のdies（日）が男性名詞として扱われる場合と女性名詞として扱われる場合があり、スペイン語とポルトガル語は男性形（-o）を、イタリア語とフランス語は女性形（-a）を用いる。ラテン語のcaがフランス語でcheシュとなる。ラテン語caballus「馬」カバッルスがフランス語でchevalシュヴァルとなるように。

　ロシア語は主の「復活」の日という（上記）。ポーランド語はniedzielaニェジェーラ「仕事dzieloをしないnie日」という。ロシア語の「週」nedeljaニェジェーリャは、もとは「休息日、日曜日」の意味だった（ne- 'not', delo 'work'）。

2. 月曜日。エMondayはmoon's day（お月さまの日）が短縮した形である。ドMontagモーンターク、月の日、フlundiランディ，スlunesルネス，ポsegunda-feiraセグンダ・フェイラ、第2日、イdomenicaドメニカ，ロponedel'nikパニェジェーリニク（日曜日の翌日：po- 'after'）。ポルトガル語segunda-feiraセグンダ・フェイラは「第2日」の意味。feiraはラテン語feriaeフェーリアエ（複数）「祭日」からきた。ドイツ語はFerienフェーリエン（複数）となり、「休暇」の意味になった。Sommerferienゾマーフェーリエン（夏休み）となった。ロシア語po-nedel'-nikにもどるが、poは…のあとで、ne-delo「仕事なし」、-nikは接尾辞で、rabot-nik労働者、sput-nik衛星、beat-nikビート族（ビート族、ロシア語の接尾辞が英語に借用された）に見える。フランス語lundiランディの-diはmidiミディ「昼」、mi中央、di日。「日」dayの意味にはjourジュールを用いる。英語journal, journalist, journey（1日の旅程から旅行の意味になった）に入っている。イタリア語giornoジョルノ「日」はフランス語と同様、

ラテン語diurnus日の、からきている。イタリア語の「今日」oggi
オッジはラテン語hodiē（＜hoc diē この日に）からで、OGGIは日
本の雑誌の名になっている。

3. 火曜日。エTuesday. Tīwティーウの日。ローマの神Marsマルス
にあたる。ドDienstagディーンスターク（会議の神の日）。フmardi
マルディ（軍神Marsの日）、スmartesマルテス、ポterça-feiraテル
サ・フェイラ（第3日）、イmartedìマルテディ，ラdies Martis（マル
スの日）、ロvtórnikフトールニク（第2日）。ラテン語はMarsの日
で、フランス語、スペイン語、イタリア語はこれを訳したものであ
る。ポルトガル語は日曜日起算で「3日目」と呼ぶ。ロシア語月曜
日起算で、「2日目」という。vtor-フトールはドイツ語ander（他の、
第2の）と同源で、-nikは月曜日に出たのと同じ。アイスランド語
は、ゲルマン語の中では例外的に「第3日」thriðjudagurスリジュ
ダーグル 'third day' という。英語Tuesday, デンマーク語tirsdagティ
アスダー、のTīw, tirは北欧神話のTýrテュール（ラテン語deusと同
源）という神で、ローマ神話の戦いの神Marsマルスにあたる。Týr
はオオカミに片手を食いちぎられたのだが、それには次のような事
情があった。神々はフェンリスFenrisオオカミという巨大な魔物が
神々の黄昏（神々の最後、Gods' Twilight、ドGötterdämmerung）に、
つまり宇宙壊滅のときに、太陽を呑み込み、神々を滅ぼすことを恐
れていたので、その前に鎖（くさり）で縛ってしまおうとした。し
かし、どんなに頑丈な鎖をつけても、たちまち砕いてしまった。
神々は小人族に頼んで、女の心臓、ネコのヒゲなど、妙なものを調
合して、1本の細い紐（ひも）を作ってもらった。小人は岩山に住
んでいて、地下の金銀財宝を守り、金細工師でもあった。この紐は、
もがけばもがくほど、ますます強くなり、決して切れない不思議な
紐である。オオカミは、あやしいと思ったので、だれか片手を自分
の口に入れるように要求した。そこでTýrが自分の手を差し出した。
案の定、紐はオオカミの身体に固く食い込み、決してちぎれなかっ
た。こうしてオオカミは岩に縛り付けられたが、Týrは片手を失っ

た。Týrのゲルマン祖語*teiwa-z（-zは男性主格語尾）は印欧祖語*deiwo-s「光り輝く者、天神、ギリシア神話Zeus」、古代ノルド語tívar「神々」tív-ar（arは複数語尾）、Týrは「神」そのものであった。

4. 水曜日。Wednesdayの語源はWōdan、ウォーダンの日。ドイツ語Mittwochミットヴォッホは「週wochの中間Mitt」、フランス語mercrediメルクルディはローマの神Mercuriusメルクリウスの日、スペイン語miércolesミエルコレス、ポルトガル語quarta-feiraクワルタ・フェイラ（第4日）、イタリア語mercoledìメルコレディ，ラテン語dies Mercuriiディエース・メルクーリイー。ロシア語sredáスレダーは（週の）「中間」。ローマの神メルクリウスは商業、旅人、盗賊の守護神であった。足が速かったので、神々の使者でもあった。水星、水銀の意味もある。ゲルマン人はMercuriusにWōdan（イギリス）、ヴォタンWuotan（ドイツ）、オーディンOdin（北欧）をあてた。ゲルマンの神々の世界では、最高神である。語源はwōdウォード（激怒）する者、の意味である。オーディンは万物の父（All-Father）であり、ルーン文字（runes）の創造者でもある。しかし、ローマの文化がゲルマンの地に伝わった時代には、木曜日のThorトールのほうが格が上だったらしい。語頭のw-は北欧語では消失するので、WōdanがOdinとなる。英語word（単語）はスウェーデン語ではordウードとなる。ドイツ語Mittwochのmittは英語mid, middle, ラテン語medius（Mediterranean, 地中海）と同源で、週の中間の意味である。「週の中間」はアイスランド語mið-viku-dagurミヅヴィクダーグル 'mid-week-day', ロシア語sredáスレダー（＜serdce心臓）にも見られる。

5. 木曜日。エThursday（Thor雷神トールの日）、ドイツ語Donners-tagドナースターク（雷の日）、フランス語jeudiジュディ、ユピテルの日、以下同じ）、スペイン語juevesフエベス、ポルトガル語quinta-feiraキンタ・フェイラ（第5日）、イタリア語giovedìジョヴェディ、ラテン語dies Jovisディエース・ヨウィス、ロシア語はčetvergチェトヴィエルク（第4日）。トールは北欧神話の最高神

オーディンの息子で、二匹のヤギの引く車に乗って天空を駆けるとき、雷がとどろく。彼はミョルニルMjölnirという強大なハンマーを持っていて、これを敵に投げると、必ず相手を打ち倒し、まるで、ブーメランのように、そのハンマーが自分の手元に戻ってくる。今までに、何人もの巨人を倒してきた。北欧では、特に、農民に崇拝される。Torvaldトルヴァル（トールの力をもつ者：『人形の家』のノラの夫）、Torgerトルゲル（トールの槍）などの名前やThorshavnトールスハウン（フェロー諸島の首都、トールの港）のように地名に用いられる。英語thunder, ドイツ語Donnerドナー, ラテン語tonatトナット（雷が鳴る）と同じ語根だが、Thunderdayではなくthursdayとなったのは、ノルド語の影響である。ラテン語JovisはJupiterの呼格Zeu paterゼウ・パテル（父なるゼウスよ）からきている。スペイン語lunes, miércoles, juevesの-sはラテン語diesからきている。アイスランド語fimmtudagurフィムトゥダーグルは「第5日」'fifth day' という。ロシア語、ポーランド語などは「第4日」という。ロシア語četvergチェトヴェルク＜četyreチェトゥイレ「4」

6.　金曜日。Friday（Friggの日）。ドFreitagフライターク、フvendrediヴァンドルディ（Venusの日：ラテン語Veneris diesのvene-の-e-が消えて、rの間にnが入った）；スviernesビエルネス；ポsexta-feiraセスタ・フェイラ「第6日」；イvenerdìヴェネルディ。ロシア語pjátnicaピャトニツァ（第5日の意味；pjat' ピャチ5）。北欧神話のフリッグ（Frigg）はオーディンの妃で、数少ない女神の一人である。結婚をつかさどり、ことばが少ない。寡黙（かもく）である。Friggは「愛される者」の意味で、印欧語根*pri-（愛する）のゲルマン語対応形fri-（愛する）の現在分詞（ゴート語）frijōndsフリヨーンツ「愛する者、友人」は英語のfriend「友人、親せき」である。ローマ神話のウェヌス（ヴィーナス）、ギリシア神話のAphrodītēアプロディーテーは美の女神である。北欧神話におけるそれはFreyjaフレーヤで、神々のあこがれであった。彼女が巨人族にさらわれたとき、これを救ったのが、トールとロキの知恵であった。

22

彼女は心の優しいオド（Odr, -rは男性名詞の主格語尾）の妻になったが、小人族の金の首飾りがほしくて、彼らと寝た。

　アイスランド語の金曜日は「断食日」föstudagurフェストゥダーグルという。föstuはf-a-staのaがuのためにöになった。このfastaは英語breakfast（断食を破ること）のfastと同じ語である。

　ロシア語pjatnicaピャトニツァ金曜日、はpjat'ピャチ「5」の派生語だが、語尾-icaイツァはstaricaスタリーツァ（首都）、caricaツァリーツァ「女帝」（car'ツァーリ「皇帝」の女性形）に見える。pjat'ピャチ「5」はギリシア語pénteペンテ「5」（Pentagon五角形、アメリカの国防省）、地名Punj-abパンジャブ、インドの五河地方（サンスクリット語発祥地）。「5」の印欧語根は*penkwe.

7. 土曜日 Saturday. ローマの神 Saturnus（農耕の神、Jupiterの父）の日。ド Samstag ザムスターク（安息日、以下同）、フ samedi サムディ、ス sábado サバド、ポ sábado サバド、イ sàbato サバト、ラ dies Saturni ディエース・サトゥルニー、ロ subbóta スボータ、安息日。ローマのサトゥルヌスは穀物の神で、オランダ語zaterdag ザーテルダハは英語と同じ表現である。ギリシアの安息日はsábbatonとsámbatonがあり、ドイツ語とフランス語はmbの形から、スペイン語、イタリア語はbbの形から伝わった。ロシア語も古くはsobotaソンボタだったので、mbを採ったことがわかる。英語のSabbathにあたるわけだが、これらはヘブライ語からきている。

　土曜日のデンマーク語・ノルウェー語lørdag、スウェーデン語lördag レールダーグは「洗濯日」の意味である。古代ノルド語laugardagr ラウガルダグルのlaugは「洗濯」、-arは属格、dagrは「日」-rは主格語尾、全体で「洗濯の日」である。wash-day, bath-dayで、水浴の日でもあった。古い習慣が残っているわけで、フィンランド語に借用されてlauantai（土曜日）となった。

　最後に現代ギリシアの曜日名を記す。日曜日Kuriakēキリアキ（主の日）、月曜日Deutéraゼフテラ（第2日）、火曜日Trítēトリティ（第3日）、水曜日Tetártēテタルティ（第4日）、木曜日Pémptēペン

プティ（第5日）、金曜日 Paraskeuē パラスケヴィ（準備、安息日のための）、土曜日 Sábbato サヴァト（安息日）。「主の日」の kuriakē は形容詞 kuriakós（主の：キリアコスの女性形で méra メラ「日」が省略されている）。méra は古典ギリシア語 hēmérā ヘーメーラー「日」で、英語 ephemeral（一日限りの、短命の、はかない）の語源である。kuriakón dōma キュリアコン・ドーマ「主の家」の「家」が省略されて、「教会」の意味に用いられ、英語 church, ドイツ語 Kirche キルヒェ, ロシア語 cerkov' ツェルコフィとなった。フランス語 église エグリーズ、スペイン語 iglesia イグレシア、イタリア語 chiesa キエザ、はギリシア語 ekklēsíā エックレーシアー（集会）からラテン語 ecclesia を経てきた。英語で「教会の」は ecclesiastical を使い、ecclesiastical history 教会史という。

Dutch（オランダ語）

　オランダと日本の関係は深い。オランダとの関係は1600年に始まる。KLM オランダ航空ウィンドミル編集部編『日蘭交流の歴史を歩く』1994 によると、リーフデ号（De Liefde「愛」の意味）がヤン・ヨーステン（Jan Joosten）ら一行とともに1600年4月、豊後（ぶんご）国、いまの大分県臼杵（うすき）市に漂着したときから始まった。長崎の出島（Deshima）は、日本の鎖国時代（1639-1858）に、オランダ語は医学および洋学一般（Western learning）の唯一の輸入源だった。オランダという名称は、オランダ人よりも一足早く、ポルトガル人がもちこんだ。ポルトガル語形 Olanda が日本での呼び名になった。Holland はオランダの主要な地方で、森林（holt）が豊かなことから holt-land, Holland になった。オランダの正式名称は Nederland（英語 The Netherlands）で、「低い国」の意味である。

　De Liefde（リーフデ）は 'the love', lief 'lovely' の意味で、-de は抽象名詞の語尾である。Jan Joosten（1556?-1623）は江戸に住居を与えられ、日本女性と結婚した。八重洲（東京駅付近）は彼の名にちなむといわれ、東京駅八重洲口に名前が残る。

ブリキ、デッキ、インキ、ガラス、ランドセル、ズック、メス、スポイト、ポンプ（blik, dek, ink, glas, ransel, doek, mes, spuit, pomp）などが日本語に採り入れられた。最初の3語の-kをキで表しているのが興味深い。

glas（発音：フラス）のように語頭に子音が二つ続くのは、日本語の音韻構造には、ない。発音しにくいので、ga-ra-suと3音節で借用した。その後、外国語に慣れた日本人は、英語に近い音でグラスとして採り入れた。

コーヒー（koffie）もオランダ語のほうが英語よりも早く日本に到来した。長崎は西欧からの、西欧への、窓であった。西洋医学はオランダからもたらされた。

オランダ語は英語でDutch, ドイツ語でNiederländisch ニーダーレンディッシュ、フランス語でnéerlandais ネエルランデ、という。

Dutch は deutsch ドイチュ（ドイツの、ドイツ語）と同じ語源で、「民衆の」の意味である。当時、ヨーロッパでは書物がラテン語で書かれていたので、ラテン語ではなく、民衆のことば、の意味でDutch とか Deutsch とかの名が用いられた。オランダ語は、今日、オランダの1300万人、ベルギーの550万人の言語であるが、ドイツ語によくにている。文法に関しては、英語よりも変化が多いが、ドイツ語よりは少ない。ドイツ語の名詞は大文字で書き始める。

英語・オランダ語・ドイツ語の順序で

the father － de vader デ・ファーデル － der Vater デア・ファーター

the mother － de moeder デ・ムーデル － die Mutter ディ・ムッター

the child － het kind ヘット・キント － das Kind ダス・キント

を見ると、定冠詞は、英語は3語とも同じだが、オランダ語は「子供」だけ異なり、ドイツ語は3語とも異なっている。オランダ語の文法性は二つなのに、ドイツ語は男性・女性・中性の三つが古いゲルマン語の時代から残っている。オランダ語の文法性は、男性と女性が合流して、それと、中性が残った。

次の子音（p, t, k, d）を見ると、オランダ語は英語に近いことが

わかる。これは、ドイツ語だけが第2次子音推移（Second consonant shift）という変化を起こしたためである。

help － helpen［ヘルペ］－ helfen［ヘルフェン］

open（形容詞）－ open［オーペ］－ offen［オッフェン］

ten － tien［ティーン］－ zehn［ツェーン］

two － twee［トウェー］－ zwei［ツヴァイ］

book － boek［ブーク］－ Buch［ブーフ］

make － maken［マーケ］－ machen［マッヘン］

drink － drinken［ドリンケ］－ trinken「トリンケン」

dead － dood［ドート］－ tot［トート］

　Dutch というと go Dutch（割り勘にする）が思いだされる。Dutch courage（から元気）、Dutch treat（割り勘定）、Dutch wife（男性用の等身大人形）など、Dutch は、あまりよい意味には用いられない。これは1600年ごろ、イギリスとオランダが東洋貿易のために東インド会社において、覇権を競っていたことに起因している。イギリス人はオランダ人を「ケチ」とけなしていた。オランダ人のほうでは、それほど悪口は言わず、せいぜい「イギリス病」（＝くる病）という言い方が辞書に見られるだけである。ちなみに、イタリア語では「割り勘」を pagare alla romana［パガーレ・アッラ・ロマーナ；ローマ式に払う］という。

　英語に入ったオランダ語は boom 帆げた、buoy 浮き標、救命ブイ、clock 時計、cruise 巡航する、deck 甲板、dock 波止場（人間ドックは thorough medical examination *or* checkup という）、easel（画架）、etch（エッチング版画）、forloren hoop（決死隊：オランダ語 verloren hoop 'lost troop'）、knapsack（ナップサック）、landscape（風景）、manikin（マネキン：小さな人間の意味）、mannequin（マヌカン：フランス語経由）、skipper（船長）、trek（トレッキングする）、wagon（荷馬車）など。

　このリストを見ると、航海や絵画の単語が多い。これはオランダがこの分野で優れていることを示している。

boom［boːm］はドイツ語のBaum［baum］「木」と同源で、この単語に関しては、オランダ語とドイツ語が近い。英語の同源語はbeam「梁、はり」である。clockはフランダースの時計屋から英国に入ってきた。ten o'clock（10時）はten of the clockの意味である。cruise［kruːz］はkruis「十字架」が語源だが、日本でも地中海クルーズなどの言い方で用いられる。

ui［œy］はオランダ語特有の二重母音でhuis, muis, uit＝英語house, mouse, out＝ドイツ語Haus, Maus, ausにあたる。

「決死隊」のforlornは「失われた」という過去分詞で、lost（古代英語forloren）、ドイツ語verlorenである。接頭辞for-はforbid, forget, forgive, forgo（なしで済ます、やめる）、forsake（見捨てる）など否定的な意味を表すが、lose（古エforleosan＞*forlose）の場合はfor-が消えた。オランダ語hoopホープはドイツ語Haufenハウフェンで、英語はheapが正しいのだが、意味を連想してhopeに変えてしまった。

knapsack（食料袋）のknapはドイツ語のknappenクナッペン「かじる」にあたる。knappenのように-pp-はオランダに近い低地ドイツ語特有の綴りである。日本語のサック（袋）はオランダ語zakザックより。

landscapeは土地の形状の意味で、ドイツ語Landschaftラントシャフト「地方、風景」の意味もある。-scapeはfriendship, fellowshipの-shipと同じ。

manikinは「小さな人間」の意味で、-kinは指小辞（dimintutive）。ドイツ語Mädchen［メートヒェン］少女、Märchen［メールヒェン］小さなお話、童話、の-chenと同じである。kとchはbookとドイツ語Buchブーフ「本」。

trekの派生語trekkingトレッキングは日本でも用いられる。この単語は南アフリカのオランダ語（Afrikaans）からきた。南アフリカのオランダ系白人をボーア人（Boer）というが、これは「農夫」の意味である。ドイツ語のBauer［バウアー］にあたる。

wagonのドイツ語Wagen［ヴァーゲン］はVolkswagenフォルクス
ワーゲン（民衆の車、大衆車）で知られている。wagonにあたる英
語は、語源的にはwainであるが、「車」の意味ではcarが用いられ、
今日にいたる。

E

English, its characteristics（英語の特徴）

　西暦1500年ごろ、英語を話す人口は、わずか500万、そしてイン
グランド全土において話されているわけではない、と英国人は嘆い
たものだ。英国にはウェールズ語（Welsh）、マン島語（Manx）、
コーンウォール語（Cornish）など、ケルト系の言語も話されてい
た。しかし、英語人口は徐々に増え、1600年には600 〜 700万、
1700年には800万（アメリカの200万を含む）、1800年には1億
2300万人に増加した。英語人口は拡大を続け、いまでは7つの大陸
で20億の人々に話され、学習され、理解される大言語に成長した。
その秘密は、英語の特徴にある。

　その特徴は、1. 語彙の豊富、と、2. 文法の簡単、である。

　語彙が豊富の理由は、固有の英語と並んで、外国語が非常に多い
ことである。文法が簡単というのは、ドイツ語やフランス語にくら
べて、変化が簡単になったこと、主語と目的語が同じ形になったの
で、語順が固定化したこと、助動詞や前置詞が発達したことである。
The boy loves the girl. は「主語＋動詞＋目的語」の語順のみが可能
で、これ以外の順序は許されない。ドイツ語はDas Mädchen liebt
der Junge（少女を少年は愛す）のように、目的語＋動詞＋主語、と
することができる。ドイツ語は「少年は」と「少年を」を語形が区
別するからである。

　『オックスフォード英語辞典』（The Oxford English Dictionary, 第
2版、1989、全20巻）は40万語を収めている。この語彙が豊富な原
因は、フランス語、ラテン語、ギリシア語、ノルド語（北欧語）か
らの借用語、複合語、派生語が多様なことである。

　フランス語からの大量の借用語はノルマン人ウィリアム（William the Conqueror）が1066年以後、英国を支配したことから始まる。ラテン語とギリシア語は西欧文明の創造者である。14 〜 15世紀の人文主義（humanism）の時代に、学問・芸術・政治など、あらゆる分野にラテン語・ギリシア語が導入された。本書のテーマである語源（etymology）という用語もギリシア語起源である。もう一つの供給源であるノルド語（Norse, Nordic）のノルドは「北」の意味で、北ゲルマン語（North Germanic）、またはスカンジナビア語（Scandinavian）ともいう。ヴァイキング時代（750 〜 1050年ごろ）にデンマーク語から英語に多くの単語が入ってきた。

　複合語（compound word）はgentleman（紳士）のように「単語」＋「単語」をさす。これは語源的にフランス語（gentle）と英語（man）で、外来語と在来語を組み合わせることができる。

　派生語（derivative word）はun-kind（不親切な）のような「接頭辞prefix ＋単語」やkind-ly（親切に）のような「単語＋接尾辞suf-fix」を指す。beautiful（美しい）はbeauty美＋full…に満ちた」が縮まったもので、-fulはhandful（一握り）、pocketful（ポケット一杯）と同じく、接尾辞で、全体は派生語である。beautifulの前半部beauti-はフランス語beauté［ボテ］からきていて、抽象名詞の接尾辞-téは英語certainty, cruelty, plenty（確実、残酷、豊富）の-tyにあたり、例は非常に多い（これを生産的productiveという）。ついでに「美人」といえば漢語（Sino-Japanese）だが、「美しい人」といえば和語（Japanese proper）になる。beautifulのような起源の異なる複合語を混種語（hybrid word）といい、脱サラ、ママさんバレー、レトロっぽい（懐古趣味）、乙女チック、メルヘンチックなど、日本語でも好んで用いられる。

　いま、英語の単語2万語を語源的に分けると、

1.　本来の英語（English proper）25％

2.　ラテン系（ラテン・フランス・イタリア語）50％

3.　ギリシア語（Greek）10％

4.　ノルド語（Nordic）5％

5. その他の言語　　　　10%
以上合計　　　　　　　100%

1. の本来の英語、つまり在来語（native word）は2000年前から英語に存在していると考えられる（英語の文献が始まるのは8世紀）。ドイツ語やデンマーク語と共通のa, the, my, house, good, come, goのような基本語を指す。

2. のラテン系は、ラテン語から派生した言語で、フランス語が圧倒的に多いが、ラテン語から直接入ったものも多い。フランス語を経て英語に入ったか、ラテン語から直接に入ったのか、判別しにくい場合もある。hotel（ホテル）とhospital（病院）は、ともにラテン語hospitalis（客をもてなす；hospitable, friendly）からきたものだが、ホテルはフランス発の世界共通語となった。hospital（病院）は古代フランス語hospitalから英語に入ったので、-s-が残っている。現代のフランス語の「病院」はhôpital（オピタル）と書いて-s-が消えている。

　debt［det］「借金」はフランス語dette［dɛt］（借金）からだが、ラテン語debitum（借金）のbを入れて、発音はしないが、ラテン語らしく見せかけている。16世紀にイタリア語からpiano, operaなどイタリア語から芸術用語が入った。operaはopera musica（オペラ・ムージカ）から入って、「音楽作品」の意味である。

3. のギリシア語は学術用語が多い。ギリシア人の言語研究は文法と語源であった。grammarもetymologyもギリシア語からきている。

　police, polite, politics, metropolisなどみなpólis（都市）を含んでおり、democracy（民主主義）やaristocracy（貴族政治）など、政治用語もギリシア語が多い。mathematics（数学）もギリシア語で、その基本語máthēma［マテーマ］は「学習」の意味で、数学がいかに重要であったかが分かる。

4. のノルド語はデンマークのヴァイキングが8世紀から11世紀にかけて英語に持ち込んだもので、パーセントは低いが、die, knife,

skill, skirt, take, want など基本語が多い。地名 Derby, Rugby の by はデンマーク語の by［ビュー］「町」からきて、英語の be と同じ語根に由来し、「人のいるところ」から「村、町」の意味になった。

5. その他の言語から英語に入ったものは、アラビア語、ペルシア語、トルコ語、アメリカインディアンの言語など、tea, coffee, potato, tobacco などだが、世界共通が多い。vodka とか、intelligentsia（知識階級）のようなロシア語もある。

このような語彙の多様性を英語で heterogeneousness と呼ぶ（C.L.Wrenn, The English Language. London, 1949）。この用語 hetero-gene-ous-ness も多起源的で、hetero-（異なる）はギリシア語、gen (e)-（生む、生まれる、起源）は印欧語（Indo-European, ギリシア語やラテン語のもとになった言語）、-ous（…をもった；形容詞語尾。famous「名声をもった、有名な」）はラテン語 -osus；-ness は英語の名詞語尾。

英語の優れた点は、これらの外来語を容易に採り入れる寛大な受容性（receptiveness）である。「言論の自由」は freedom of speech と liberty of speech の両方があるが、freedom は英語、liberty はフランス語起源である。フランス語 libre（自由な）は形容詞のままの借用はなく、名詞で借用された。beauty も抽象名詞で借用された。

日本語も漢語（Sino-Japanese）が非常に多い。「言語」は漢語だが、「ことば」は和語である。「日本人のことばは日本語です」といえば「ことば」は和語だが、日本語の「語」は漢語である。「パン」ということばは日本語になっている、「語源」は漢語だが、「ことばのみなもと」は和語である。

英語の特徴の二つ目は、文法が簡単になったことである。これは歴史的に説明しなければならない。そして、英語の「おとなり」の言語であるドイツ語やフランス語とくらべると、いっそう理解しやすくなる。英語とドイツ語は親戚の度合いが高い。両方とも、ゲルマン系であるから。英語とフランス語は同族性の度合いがドイツ語よりも低い。フランス語はラテン系であるから。

英語・ドイツ語・フランス語の関係を系統の点から見ると

ゲルマン祖語→英語、ドイツ語、オランダ語、デンマーク語…

ラテン語→イタリア語・スペイン語・フランス語…

　ゲルマン祖語（Proto-Germanic）というのは、英語・ドイツ語・オランダ語・デンマーク語・スウェーデン語など、ゲルマン系の言語で、紀元前二千年紀ないし一千年紀の言語である。英語とドイツ語とオランダ語は西ゲルマン語派（West Germanic）なので、単語も文法も似ている。オランダ語は英語よりも文法が複雑で、ドイツ語は一番複雑である。ゲルマン系の言語をゲルマン諸語（Germanic languages）といい、単語も文法も似ている。

　フランス語は、イタリア語、スペイン語、ポルトガル語、ルーマニア語とともに、ラテン語から出た言語で、これらをロマンス諸語という。ロマンス諸語（Romance languages）はローマに由来する言語という意味である。（Rōmānicē loquor, ローマーニケー・ロクオル：ローマ風に話す）

　英語とドイツ語は同系である。

English and German are cognate.

　フランス語とスペイン語は同系である。

French and Spanish are cognate.

cognate（同系の）はラテン語cōgnātusコーグナートゥス「同じ（co）生まれの（gnātus）」の意味である。

　英・独・仏のうち、フランス語だけ距離が少し遠い。

　中世以後の文法が簡単になったことを文法性（grammatical gender）に見てみよう。

　英語は the father, the mother, the child

そして the dog, the cat, the house…のように定冠詞はみな the だが、古い英語や、ドイツ語は、いまでも、名詞には男性・女性・中性の3種類があって、古代英語（Old English, 800-1100年ごろ）の定冠詞は、男性 se, 女性 sēo, 中性 þæt（thæt）だった。これは無生物にも適用され、「日」は男性、「週」は女性、「年」は中性だった。中世英

語（Middle English, 1100-1500年ごろ）になると、文法性が縮小し、チョーサー（Geoffrey Chaucer, 1340-1400ごろ）になると、すべてtheになった。チョーサーは『カンタベリー物語』で有名で、その物語は、いま読んでも面白い。

gender（性、文法性）はラテン語genus「種類」（複数genera）からきて、フランス語ではgenre（ジャンル）という。日本語でも文学的ジャンルなどという。

ドイツ語は英語に比べると、はるかに保守的で、単語も文法も古い形を多く保存している。the father, the mother, the childはドイツ語で書くと

der Vater［デア・ファーター］男性 the father

die Mutter［ディ・ムッター］女性 the mother

das Kind［ダス・キント］中性 the child

父や息子が男性名詞で、母や娘が女性名詞なのは分かる。これは文法性と自然性が一致している。「子供」は男性と女性を含むから中性名詞であることも分かる。だが、次のドイツ語はどうだ。

der Hund［デア・フント］男性。the dog.

die Katze［ディ・カッツェ］女性。the cat.

das Pferd［ダス・プフェールト］中性。the horse.

動物はオスもメスもあるはずだが、イヌは男性が代表になり、ネコは女性が代表になり、ウマは中性が代表になっている。なぜ、といわれても、困る。文法なのだから、それがドイツ語の習慣なのだから、というほかない。同様に

der Tag［デア・ターク］男性。the day.

die Woche［デイ・ヴォッヘ］女性。the week.

das Jahr［ダス・ヤール］中性。the year.

時の単位だが、「日」は男性、「週」は女性、「年」は中性である。子音に終わるものは男性と中性があり、区別がつきにくいが、-eに終わる単語は女性が多い（ラテン語は-aだった）。

フランス語の名詞は2種類で、男性は定冠詞le, 女性は定冠詞la

である。中性は男性名詞に合流してしまった。

  le soleil ［ル・ソレイユ］ the sun

  la lune ［ラ・リュヌ］ the moon

  le livre ［ル・リーヴル］ the book

  la maison ［ラ・メゾン］ the house

　『それいゆ』は中原淳一の創刊した少女雑誌の名になったが、語源はラテン語soliculus［ソリクルス］で、「小さな太陽」の意味である。-iculusは「小さい」の接尾辞だが、愛称の接尾辞でもある。親愛の情をこめた「太陽」である。指小辞はparticle「小詞」（ラテン語particulus）に見える。イタリア語のo sole mio［オー・ソーレ・ミーオ］は「わが太陽よ」の意味で、ラテン語solに近い形が見える。太陽熱のソーラー（solar）はラテン語の「太陽の」という形容詞からきている。summer solstice（夏至）、winter solstice（冬至）もラテン語「太陽」の派生語である。フランス語lune（月）の語源はラテン語lūna［ルーナ］「月」で、語尾-aがフランス語で-eになっている。英語lunatic［ルーナティック］は「正気を失った人、精神障碍者」の意味だが、2022年、ウクライナ撲滅を意図した、モスクワのプーチンを形容することばである。ローマ人は月の光に当たると気は変になってしまうという迷信に由来している。

　フランス語livreリーヴル「本」はラテン語liber（属格libri）からだが、英語のlibrary（図書館）はフランス語からではなく、ラテン語librarius（本の）からである。ラテン語-b-がフランス語で-v-になる例はラテン語habēreハベーレがフランス語avoirアヴォワール'to have'に見える。フランス語librairieは「図書館」ではなく、「本屋」の意味である。

　フランス語maisonメゾン「家」の語源はラテン語mansioマンシオー「滞在」で、「滞在するところ」から「家」になった。語幹man-「滞在する、留まる」は英語re-main, per-man-entに見える。ラテン語-ns-の-n-はフランス語では消えて、ラ mensis「月、1か月の月」がフランス語ではmois［モワ］となる。

文法性（grammatical gender）が英語からなくなったことは、学習者にとって、負担が軽くなったことになる。

　名詞の複数形はどうか。英語の名詞の90%は -s, -es で複数を作るが、Old English は、いろいろな複数形をもっていた。

stān スターン「石」→複数 stānas スターナス

dæġ デイ「日」→複数 dagas ダガス

scip シプ「船」→複数 scipu シプウ

hūs フース「家」→複数 hūs フース［同形］

ġiefu イェヴ「gift 贈り物」→複数 ġiefe イェヴェ

spræċ スプレーチ「ことば」→複数 spræca スプレーカ

nama ナマ「名前」→複数 naman ナマン

sunne スンネ「太陽」→複数 sunnan スンナン

fōt フォート「足」→複数 fēt フェート［語幹母音変化］

bōc ボーク「本」→複数 bēċ ベーチ［語幹母音変化］

　ċ は church の ch のように発音される。このうち、今日まで不規則な複数形は foot→feet だけである。foot→feet, man→men のような語幹母音変化をウムラウト umlaut という。これはドイツの言語学者ヤーコプ・グリムの用語である（Deutsche Grammatik ドイツ語文法、1819）。19世紀には Jakob ではなく Jacob と書いていた。

　英語の複数は中世英語（Middle English）以後 -s が圧倒的に多くなった。こうして、学習者の負担は大いに軽減された。ドイツ語の名詞の複数形は、いまでも5種類が残っている。

　古代英語 cū クー「牛」の複数形は cy［キュー：ウムラウト複数］だった。これは音法則的に発達すれば ki［キー］、二重母音となって［kai］となるはずであった。しかし、ki だけでは音量が小さく、伝達には不十分だったので、ox→oxen のように、-n の複数が付加され、kine［カイン］が古風な詩の形に残っている。それにかわって生産的な -s をつけた cows が一般的になった。ドイツ語は、いまでも Kuh［ku:］'cow' の複数は Kühe［キューエ］である。

　不規則だった名詞の複数も非常に簡単になった。

次に格変化（case declension）についてみると、古代英語には4つの格（cases）があった。

　主格（nominative）se fæder［セ・フェデル］父は

　属格（genitive）　　þæs fæderes［セス・フェデレス］父の

　与格（dative）　　　þæm fæder［セーム・フェデル］父に

　対格（accusative）þone fæder［ソネ・フェデル］父を

　þは thirn といって、［th］の音である。fæder の複数の格変化は省略する。ドイツ語は似たような変化を今日までもっている。これが女性名詞や中性名詞の変化もあるので、大変だ。

　格変化を失ってしまった英語は、主語と目的語を区別できなくなり、「主語＋動詞＋目的語」の語順が確立した。語順が固定化したのである。これは、中国語と同じである。我愛你［ウォー・アイ・ニー］は I love you. 你愛我［ニ・アイ・ウォー］は you love me.

The boy loves the girl.

The girl loves the boy.

　の the boy, the girl は主語も目的語も同じ形なので、主語は動詞の前にあることから判断する。目的語は動詞のあとにあることから判断される。ラテン語は主語（puer, puella）と目的語（puerum, puellam）を語形で区別することができたので、語順は自由であった。

　フランス語は、格変化を失ってしまったので、英語と同じ事情にある。Le garçon aime la fille.［ル・ガルソン・エーム・ラ・フィーユ］＝ The boy loves the girl.

　属格（genitive）は、John's father, my father's book, today's newspaper のような場合にのみ残り、英文法では所有格（possessive）という。それ以外は前置詞 of が必要になった。kingdom of heavens（天の王国、天国）、one of them（彼らの1人）、book of books（書物の中の書物、聖書）、partake of food（食事をすこしいただく、部分属格 partitive genitive）。など。

　現代英語には与格や対格もなくなったが、to my friend, on dark nights, with a sword, ask for bread における前置詞は、Old English では

36

格で表現することができた。He lives in the city. と He goes into the city. の in と into は、Old English では「in＋与格」「in＋対格」のように格で区別される。ドイツ語では、いまでも Old English と同じ文法を用いる。フランス語は「パリにいる il est à Paris」「パリに行く il va à Paris」のように、同じ前置詞を用いる。英語、ドイツ語、ラテン語、ロシア語は方向性に敏感だが、フランス語は鈍感といえる。

　形容詞は a good book, the good books, good books において good は同じだが、以前は、異なる語尾をもっていた。this book, these books, that book, those books においては、this と that が複数形になっている。

　格変化に関しては、代名詞が I, my, me；you, your, you；he, his, him のように所有格と目的格が残っている。疑問代名詞は who, whose, whom があるが、Whom are you looking for?（あなたは誰を探しているのか）は、目的語を失って、Who are you looking for? となった。

　1611年の聖書は、シェークスピアと並んで、近代英語の最も重な文献であるが、そこでは「きみは」と「きみたちは」という2人称の単数と複数の区別があった。

thou［ðau］汝は　　　　　　ye［ji:］汝らは
thy［ðai］汝の　　　　　　　your［juə］汝らの
thee［ði:］汝に、汝を　　　　you［ju:］汝らに、汝らを

　この変化表のうち、残っているのは you と your だけである。代名詞の変化も、このように簡単になってしまった。ドイツ語とフランス語は、いまでも、親しい2人称「きみ」と尊敬の2人称「あなた」をもっている。

　次に、動詞の変化をみてみよう。現代英語は he comes, he goes のように、現在の3人称単数だけ -(e)s の語尾をもっているが、Old English では cuman 'to come' の現在は、次のように人称変化した。

iċ cume［イッチ・クメ］　　　　　wē cumaþ［ウェー・クマス］
þū cymst［スー・キュムスト］　　ġē cumaþ［イェー・クマス］

hē cymþ［ヘー・キュムス］　hīe cumaþ［ヒーエ・クマス］

「きみ」と「彼」のところはcy-［キュ］のように動詞の語幹がウムラウト（変音）している。名詞cū［クー］（牛）の複数がcy［キュー］となるのと同じである。

　過去になると、英語はI cameもhe cameも同じで、人称変化はなくなる。

　Old Englishの過去は、次のように人称変化した。

iċ cōm［イッチ・コーム］　wē cōmon［ウェー・コーモン］

þū cōme［スー・コーメ］　ġē cōmon［イェー・コーモン］

hē cōm［ヘー・コーム］　hīe cōmon［ヒーエ・コーモン］

「来る」の過去の単数と過去の複数が同じ語幹母音をもっているが、「飲む」の動詞「私は飲んだ」iċ drank［イッチ・ドランク］、「私たちは飲んだ」wē druncon［ウェー・ドルンコン］のように、単数と複数で、語幹の母音が異なることが多かった。この-a-, -u-の母音の相違をアプラウト（Ablaut, 母音交替）と呼ぶ。これもJacob Grimmの用語である。英語のsing, sang, sung（動詞の3基本形）、song（歌）の母音の相違も同じである。bind（結ぶ）とband（帯）の動詞・名詞の間の母音の相違も同じ例である。

　英語come, ドイツ語kommen［コメン］、フランス語venir［ヴニール］を見ると、英語とフランス語は非常に異なっているように見えるが、語根は*gwem-［グウェム、来る］で、同じである。g-はゲルマン語でk-になり（グリムの法則）、ゴート語qiman［クウィマン］、古代英語cuman, 古代高地ドイツ語queman［クウェマン］で、みなつながっていることが分かる。一方、ラテン語では*gwem-のg-が落ちて、-m-が-n-になり、venīre［ウェニーレ］となった。ラテン語のm＞nの変化はmが唇音（labial）、wも唇音なので、同じ種類であることを嫌って、異化（dissimilation）が起こったためである。異化の例はフランス語marbre［マルブル、大理石］の2個のrが英語ではmarbleになる。ラテン語のven-（来る）からAdvent（キリスト降臨祭）、adventure, venture, preventが来ている。

Old Englishの時制（tense）は、他のすべてのゲルマン語と同様、現在と過去の2つだけだったが、のちに、俗ラテン語（Vulgar Latin, 民衆のラテン語）にならって、「助動詞＋過去分詞」の完了時制（have written, had written, will have written）が作られ、英語の場合には、特に、進行形（progressive form）が発達し、動詞の表現が非常に豊富になった。進行形（I am writing）はドイツ語やフランス語には発達しておらず、英語特有のものである。スペイン語は、英語ほどではないが、進行形がかなり用いられ、estoy escribiendoエストイ・エスクリビエンド 'I am writing' という。英語の場合、人称変化は衰退したが、時制の表現形式は豊富になった。

　動詞は、ゲルマン語の場合、過去・過去分詞の作り方によって、強変化動詞（strong verbs）と弱変化（weak verbs）に分けられる。英文法では規則動詞、不規則動詞といっている。強変化動詞はdrink-drank-drunkのように過去・過去分詞を語幹の母音変化（アプラウト）によって作る。弱変化動詞はwork, worked, workedのように、-edをつけて過去、過去分詞を作る。helpは、むかしはhelpan, halp, holpenのように変化したが、いまはhelp, helped, helpedのように規則動詞となっている。ドイツ語は、いまでも、helfen, half, geholfenで、古い英語と同じような変化をしている。「洗う」wash, washed, washedは、いまでは規則動詞だが、むかしは、washan, wosh, washenのように変化した。不定詞と過去分詞の語尾 -an, -enが異なっている。ドイツ語は、いまでも、waschen, wusch, gewaschenである。

　接続法（subjunctive mood）は、英語では、I wish I were a bird.（鳥だったらよいのに）とか、If I were a bird, I would fly to you.（鳥だったら、きみのところへ飛んで行くのに）のように、単純形としてはwereしか残っておらず、普通は、should, would, could, mightのような助動詞とともに用いる。接続法という名称は、I wishという主文にhe comesという従属文を接続する場合に要求される動詞の形式（sub-junctive下につなげる）ということからきている。英文法では

「接続法」とはいわず、「条件法」（conditional）といっている。

　多少、古風な英語では、I wish that he come. と言えるが、普通はI wish that he could（would, might）come. のように助動詞を用いる。

English and French（英語とフランス語）

　1066年、ノルマン人の英国征服（Norman conquest of England）によって、フランス語がドッとなだれ込んできた。ノルマンは、本来はノルドマン nordman（北欧人、デンマーク人）がヴァイキングとしてフランスになだれ込んできたのだが、言語もフランス語になってしまっていた。

　composition「一緒に組み立てること、作文、作曲」は英語もフランス語も同じ綴りである。ドイツ語の「作文」は Aufsatz アウフザッツ（かさねて置くこと、文を組み立てること）で、言語材料がまったく異なっている。composition はフランス語から英語に入った。dictionary のフランス語は dictionnaire ディクショネールで、非常によく似ている。「ことばを集めたもの」diction-ary で、ラテン語 diction-arium のほうが英語に近い。ドイツ語の「辞書」は Wörterbuch ヴェルターブーフで、英語に訳すと words-book になる。words-book は英語にはない。wordbook は単語集である。dictionary の -ary は granary「倉庫」に見え、gran- は grain 穀物である。

　中学英語800語の中にある180語のフランス語借用に入る前に、フランス語がどのような言語か、手元にある『初級フランス文法案内』Nouveau cours élémentaire de français（白水社1972, 102頁, 550円）という教科書を見てみよう。これは大学1年生の入門書で、62頁の本文、練習問題つき、単語集647語と10頁の動詞変化表からなる（筆者はこれを1972年・1973年に弘前大学で使用した）。

　第1課の Leçon 1（ルソン・アン）は Lesson 1 と同じ表現である。leçon の c の下にある記号は cédille セディーユと言って、c が s 音であることを示す。意味は「小さな c」である。Giuliano Bonfante（The Collier's Encyclopedia, New York, 1956, sub diacritical marks）によると、1526年、Geoffrey Tory がフランス語に導入した。ça et là サ・エ・ラ

は「あちらこちらに」。英語でも Provençal や façade に見られる。lesson はフランス語からの借用だが、ドイツ語の「第 1 課」Lektion eins レクツィオーン・アインスの Lektion はラテン語 lectio レクティオー「読むとこ」からきている。ラテン語 legō レゴー「読む」の語幹 leg- に名詞接尾辞 -tio, 属格 -tionis, 与格 -tioni, 対格 -tionem からフランス語は -tion を経て -çon, ドイツ語 -tion となり、英語も -tion となった。

　第 1 課の文法は être エートル（英語 be）の直説法現在の人称変化、名詞の性と数、冠詞、否定形、疑問形からなっている。男性名詞（定冠詞 le）として le père ル・ペール「父」、l'oncle ロンクル「叔父」、le chat ル・シャ「ネコ」、le crayon ル・クレヨン「エンピツ」、le livre ル・リーヴル「本」。女性名詞として la mère ラ・メール「母」、la tante ラ・タント「叔母」、la vache ラ・ヴァシュ「牛」（2021 年の最重要語になった vaccine ワクチンの語源、ラテン語 vacca ワッカ「牝牛」）、la maison ラ・メゾン「家」、la porte ラ・ポルト「戸、門」、la lune ラ・リュヌ「月」があげられている。père と mère, father と mother を比べると、フランス語と英語の間には大きな距離があるように見えるが、ラテン語・ギリシア語・サンスクリット語までさかのぼれば、その距離は小さくなる。「父」「母」「息子」「娘」のような家族関係の語彙（family names, Verwandtschaftsnamen）は印欧祖語時代（5000 年前）からのものである。uncle はフランス語 oncle オンクルからきたものだが、aunt はラテン語 amita（父の姉妹）からきている。ドイツ語の「叔父」Onkel オンケル、はフランス語からの借用である。tante「叔母」は ta amita（あなたの姉妹）からである。crayon（エンピツ）は綴りは同じだが、英語と日本語は「クレヨン」である。vaccine ワクチンはフランス語 vache ヴァシュ（ウシ）と同様、ラテン語の vacca ワッカ（牝牛）からきている。

　次に、中学英語の教科書から、フランス語の借用語を掲げる。able 有能な。an able person 有能な人物、のように形容詞として、また he is able to do the work 彼はその仕事ができる、のように述語的

（predicative）に用いられ、port-able 運びうる、のように接尾辞としても用いられる。もとはラテン語 habilis ハビリス「扱いやすい、便利な」である。ラテン語 habeō「もっている」の語幹 hab- に接尾辞 -ilis がついた。ラテン語 agō アゴー、行動する→agilis アギリス、行動しやすい、敏捷な、英語 agile.

<u>apartment</u> アパート。フランス語は appartement と綴る。ラテン語 ad + partīre アド・パルティーレ「分ける」から「分けること、建物を分けて、一家族が住む部分」を指す。department は「部門」。日本語のデパートは department store「商品を置いている店」という。

<u>arrive</u> 到着する。フランス語 arriver も同じ意味で、-r はフランス語動詞の不定詞語尾である。ラテン語の規則動詞 4 種類にしたがって、-er, -ir, -oir, -re があり、第 1 類 -er が最も多い。arriver は ad + rīpāre リーパーレ「岸（rīpa）に着く」が原義で、もとは、船が陸に到着する場合に用いられたが、今日では、乗り物だけでなく、徒歩の場合にも、どの場所に着く場合にも、用いられる。こうのような変化を「意味の一般化 generalization of meaning」という。

　ad + rīpam「岸に」→（ad rīpam）arrive「岸に着く」

　　→ad domum（arrive）「家に着く」

　　→ad Tokyo（arrive）「東京に着く」

　「家に着く」「東京に着く」の段階で、rīpa の原義「岸」が失われた。意味の一般化の例である。「白墨、はくぼく」は、もと、黒だったが、「白い墨」にも用いられ、「墨すみ」の原義が失われた。黒板 blackboard は「白板」にも「緑板」にも用いられる。

<u>river</u> 川。フランス語 rivière リヴィエール「川」からきている。rive リーヴ「岸」の派生語である。イタリア語 riviera リヴィエラは「海岸地方」の意味で、保養地の固有名詞である。ラテン語の rīpa がフランス語 rive になるように、母音間の p から v への変化も規則的な子音変化で、sapere サペレ→savoir サヴォワール「知る」がその例である。雑誌名 Sapio はラテン語で「私は知っている」の意味である。

car 車。この単語はウィックリフ Wycliffe の聖書（1389）にあり、すっかり英語の顔をしているが、もとはフランス語で「四輪馬車」を指していた。carpenter「大工」は、もと、「車大工」の意味だった。「車大工」が家を作る「大工」にも用いられるようになったのは、上記の arrive と同様、意味の一般化の例である。カナダのフランス語は「車」に古風なフランス語 char シャールを用いる。1992 年カナダのケベックシティで国際言語学者会議が開催されたとき、私はこれを知った。今日のフランス語の「車」は voiture ヴォワチュールというが、これはラテン語 vectūra ウェクトゥーラ「運ぶこと、運ぶ道具」からきている。その語源はラテン語 vehō ウェホー「運ぶ」である。英語 vehicule「車、乗り物」。car はフランス語からと言ったが、もとはケルト語から借用したもので、同系のウェールズ語 car, アイルランド語 carr からフランス語が借用したものである。ウェールズ語 Welsh もアイルランド語 Irish もケルト系 Celtic の言語で、古代から中世にかけて、ケルト人はヨーロッパに広く居住していた。フランス語は西暦 800 年以前はガリア Gallia と呼ばれ、西暦紀元前後に、ラテン語がこの地に乗る前はガリア語 Gallic, Gaulish というケルト系の言語が行われていた。ギリシア語では、いまでも、フランスのことをガリア Gallía と言っている。ガリア語はラテン語の進出のために死滅してしまい、固有名詞に残っているだけだが（Paris は、この地方に住んでいた民族の「沼地」の意味）、car など少数の単語に痕跡が残っている。carry「車で運ぶ」は car の派生語である。

catch つかまえる。catch a ball, catch a cold かぜをひく、の catch も英語になりすましているが、chase（car chase）と同じく、フランス語 chasser シャッセ「狩る、狩猟する」からきている。その語源は俗ラテン語 *captiare（*は推定形）。俗ラテン語は民衆のラテン語、話し言葉のラテン語で、古典ラテン語 capere カペレ「とらえる」が俗ラテン語 captare カプターレ（反復形）になる。語幹の cap-とらえる、は英語 have, ドイツ語 haben ハーベン「持っている」と同じ印

欧語根からきている。古典ラテン語canō歌う、が俗ラテン語でcant-āreになる（フランス語chanterシャンテの語源）。cantioカンティオがフランス語chansonシャンソンとなる。

chain, chair, chance, changeなどのch-［tʃ］もフランス語のにおいがするし、事実、そうなのだが、chap, chat, cheap, cheese, choose, chopなど、そうでないものもあるので、注意が必要だ。character, cholera, Christmasのように、ch-を［k］と読むのはギリシア語起源である。

英語chair「椅子」のフランス語chaireシェールは「教会の説教壇、大学の講座」の意味で、「椅子」は別形chaiseシェーズを用いる。語源のラテン語はcathedra座席。これはギリシア語kathédraカテドラからの借用で、この単語の語源はkatá下に + hédra座ること。hédraの語根 *sed-「座っている」は英語sitである。

フランス語citéシテ「町」から英語のcityがきたのだが、もとのcitéは用法がせまく、『フランス語8000語辞典』には載っていない。英語の2000語の中にはcityが入っている。パリのcité universitaire「大学都市、学生寮がある」、île de la Cité「シテ島、パリのセーヌ川の中の島」、la Cité de Londres「ロンドン旧市街、商業・金融の中心地」、などに用いる。

「都市」のフランス語はville ヴィルで、la ville de Parisパリの都、Paris est la ville capitale de la France「パリはフランスの首都である」のように用いる。villeを省略してParis est la capitale de la France. というほうが多い。このvilleはラテン語villa ウィラ「別荘、田舎家」で、その集合名詞がvillage ヴィラージュ「村」である。英語はアクセントが語頭にきてvillage ヴィレッジとなった。古い英語はthorp ソルプと言った。これはドイツ語Dorfドルフで、ドイツの商業都市Düsseldorfデュッセルドルフに見られる。

Düsselは川の名である。Dorf「村」の指小形Dörfliデルフリはアルプスの少女ハイジの故郷である（村の名前はMaienfeld）。

count, country, courage, court, coverのような基本的な単語もフランス

語からきている。countは「数える」と「伯爵」の意味があり、ラテン語の語源は異なっている。count「数える」はQuality counts more than quantity.「質は量にまさる」のように用いる。語源はフランス語compterコンテ「計算する」、ラテン語computareコンプターレ「計算する」で、英語computerコンピューター「計算機」はラテン語に近い形を示している。フランス語compter「計算する」に発音しない-p-が入っているのは、ラテン語を意識したためである。フランス語conteコント「物語」は「アンデルセン童話」というときの「童話」にあたる。日本語の「コント」は「小話」の意味にも用いられる。このconte「話」もconter「語る」もラテン語computareコンプターレ「計算する」からきている。「数える」が「語る」の意味になった例は英語tellにみえる。tellは、本来、「数を（数えて）言う」が原義だった。taleと同じ語源のドイツ語Zahlツァール「数」、zahlenツァーレン「数える」、接頭辞をつけてerzählenエアツェーレン「語る」、名詞Erzählungエアツェールングは「物語」。

country はフランス語contréeコントレ「地方、国」からだが、contréeのラテン語contrataコントラータ「反対側の」はcontra「…に対して」の派生語で、「町の向かい側の」の意味だった。terra contrataテルラ・コントラータのterraが省略されてcontrée「地方」の意味になった。contréeはフランス語の文語で、belle contréeベル・コントレ「美しい国」とかcontrée sauvageコントレ・ソーヴァージュという。a developed country, a mountainous countryのような場合はpaysペーイを用いて、un pays développéデヴロペ、un pays montagneuxモンタニューという。「オランダ」をフランス語ではles Pays Basレ・ペーイ・バ「低い国、複数」という。日本語のオランダはHollandのポルトガル語形Olandaからきた。

courage はフランス語courageクラージュからで、ラテン語corコル「こころ、心」の派生語である。ラテン語corの語幹はcord-で、英語cord-ial「心からの」に見える。英語heart「こころ」の-tはラテン語d＝英語t（decem＝ten）の規則どおりである。court「宮廷」の

フランス語は、いまはcourと綴るが、昔はcourtだった。その形容詞courtoisクルトワ「宮廷の」から英語courteous「宮廷につとめるような、礼儀正しい」となった。フランス語amour courtoisアムール・クルトワ「宮廷風恋愛」は騎士と貴婦人との精神的恋愛を指す。

coverはフランス語couvrirクーヴリールからだが、その語源、ラテン語co-operīreコ・オペリーレ、operīreオペリーレ「おおう」。「おおいをとる」の意味から英語dis-cover「発見する」が作られた。「1492年アメリカ大陸が発見された」の場合、英語dis-coverもフランス語découvrirデクーヴリールも同じ語源だが、ドイツ語の「発見する」はentdeckenエントデッケンで、これもent「とる」decken「おおいを」で、表現法が共通している。

culture「文化」は英語culture, ドイツ語Kulturクルトゥーア、フランス語cultureキュルチュールで、語源はラテン語cultūraクルトゥーラ「耕作」だが、ラテン語cultūraはagrī cultūra「畑の耕作、農業」のほかにcultūra mentis「心の耕作」（＝ギリシア語philosophia）の意味にも用いた。

civilization, フcivilisationシヴィリザシオン、ドZivilisationツィヴィリザツィオーン、は、ラテン語cīvīlisキーウィーリス「市民の」、の派生語。「市民化」が「文明」を意味するようになった。cīvīlisはcīvisキーウィス「市民」の形容詞である。cīvis「市民」の集合体cīvi-tās「市民の集団、国家」がイタリア語cittàチッタ「都、都市」となり、città eternaチッタ・エテルナは「永遠の都ローマ」を指すようになった。スペイン語ciudadシウダ「都」、フランス語citéシテとなり、これが英語に入ってcityとなった。

nation, natureはna-が共通している。na-の語根はgnā-グナー「生む、生まれる」で、語根gen-「生む、生まれる」の母音-e-がゼロの形*gn-に接尾辞-ā-がついて*gnā-となった。「生まれ出ずる者」が「国民nation」で、「生まれ出ずること」が「自然nature」である。ギリシア語の「自然」はphysisプュュシスで、physics物理学の語源である。physisは「生じる」の意味の動詞phyōプュュオーの名詞形

である。ロシア語narodナロート「国民」の中にもrod-ロド「生まれる」が入っている。

place「場所」、フランス語placeプラス「広場」、ドイツ語Platzプラッツ「広場」も文明語で、都市の発達に貢献した。ヨーロッパ文明語彙で、イタリア語piazzaピアッツァ、スペイン語plazaプラサ、デンマーク語pladsプラス、オランダ語plaatsプラーツ、のように普及している。「広場」は英語だけ例外でsquare（原義：正方形）という。「広場」のラテン語はforumフォルムで、日本語でもフォーラム（議論の広場）などといっている。イタリア語Foro Romanoフォーロ・ロマーノは「ローマ広場」である。フランス語の広場placeプラスはPlace de la Concorde「コンコルド広場」のように用いるが、その語源のラテン語plateaプラテアはギリシア語plateîaプラテイア「広い、女性形」からきている。

person「人」のような、文明とは無関係にみえる単語もラテン語persōnaペルソーナからきて、dramatis personaeドラマティス・ペルソーナエ「劇の人々」は「登場人物」の意味である。dramaはギリシア語。フランス語はpersonneペルソンヌ、ドイツ語はPersonペルゾーン。フランス語はpersonneだけだと「だれも…ない」の意味に用いられる。ドイツ語Personenzugペルゾーネンツーク「普通列車、各駅停車」の意味。「人名」はperonal names、フ noms de personne、ド Personenname.

literature「文学」ド Literaturリテラトゥーア、フ littératureリテラチュール。出発点のラテン語litterātūraはキケロCiceroの造語で、litteraリッテラ「文字」にnātūra自然、adventūra冒険、などの接尾辞-tūraがついたものである。ドイツ語は19世紀まではLitteraturとtを二つ書いていた。

English and French pair words（英仏対語、頭韻と脚韻）

　「自由」に対してfreedomとlibertyがあり、「生き残る」に対してoutliveとsurviveがある。これは英語の語彙の贅沢さを示している。日本語にも「美」と「美しさ」、「美人」と「美しい人」、「ことば」

と「言語」、「ごはん」と「食事」、「知らせ」と「情報、ニュース」など、例はたくさんある。日本語に使い分けがあるように、英語にも使い分けがある。そのような例を見てみよう。

deep（エ）：deep sea（物理的に）深い海

profound（フランス語起源）：profound knowledge（深い知識）

friendship（エ）と amity（フ）

happiness（エ）と felicity（フ）

hearty welcome（エ）と cordial reception（フ）

help（エ）と assistance（フ）

holy（エ）と saint（フ）

kingly（エ）と royal（フ）

work（エ）と labor（フ）

フランス語 charity（キリストの愛）を知らない人のために、charity that is love（charity とは love のこと）というような言い方が13世紀ごろから行われた。ignorance that is unwisdom and unwitness（無知とは知識がなく、知らないこと）とか、my heart and courage, weep and cry, hunting and venery（最後の3例は Chaucer）のような表現が用いられた。これをフランス語と英語の対語という。現代に残るものを少しあげる。

assemble and meet together（フ＋エ）集合する；end and aim（エ＋フ）目的；rules and regulations（フ＋フ）規則；safe and sound（フ＋エ；市河三喜）無事に（フランス語では sain et sauf 無事に）；use and wont（フ＋エ）習慣；will and testament（エ＋フ）遺言（my father's will and testament）

頭韻と脚韻（head-rhyme and end-rhyme）

英語は safe and sound（無事に）、as busy as a bee（ミツバチのように忙しい）、slow but steady（ゆっくり着実に）のように、アクセントのある語頭の音を合わせることが重要な詩的表現だった。これを頭韻（head-rhyme, alliteration）という。

例を5つほどあげる。Stars and Stripes 星条旗（アメリカ合衆国の

国旗）；without rhyme or reason 分別のない、わけのわからない（フ
sans rime ni raison を訳したもの）；Love's Labour's Lost 恋の骨折り損
（シェークスピアの戯曲）；Mickey and Minnie（ミニーはミッキーマ
ウスの girl friend；Minne ＜ Minna ＜ Wilhelmine の愛称）；Adam's ale
is the best brew. アダムの酒が最良の飲み物；水が最良の飲み物。

　頭韻（alliteration）は古代ゲルマン詩、古代ノルド詩のエッダ、
古代英語のベーオウルフにおいて重要な詩的技法だった。しかし、
1200年ごろからゲルマン詩はフランスやイタリア文学の影響で脚
韻（end-rhyme）、west is best（西が最良）のような形式が好まれる
ようになった。中世英文学のチョーサー（詩人の花、flower of mak-
ers と呼ばれる）の『カンタベリー物語』（14世紀）や中世ドイツ文
学の『ニーベルンゲンの歌』（1200年ごろ）は脚韻になっている。
頭韻から脚韻への移行はフランス語・フランス文学の影響である。
以下に脚韻の例を掲げる。脚韻とは、アクセントのある音節以降の
音が同じであることをいう。第1例の［west］［best］の［-est］が
同じ音であることを脚韻という。

1. East or west, home is the best.［west］［best］
　　東へ行っても西へ行っても、わが家にまさるところはない。

2. A friend in need is a friend indeed.［ni:d］［di:d］
　　困っているときに助けてくれる友が本当の友。

3. First thrive and then wive.［θraiv］［waiv］
　　まず稼いで、それから妻を迎えよ。wife→wive（動詞）の無声
　　音→有声音は breath 息→breathe 息する、と同じ。

4. Haste makes waste.［heist］［weist］
　　急いては事を仕損じる。

5. Health is better than wealth.［helθ］［welθ］
　　健康は富にまさる。

English and German（英語とドイツ語）

　英語とドイツ語は2000年前には同じ言語だった。だから、基本
的な単語や文法も同じだった。しかし、1066年以後、英語の中に

たくさんのフランス語が流入し、（古代）英語らしくなくなった。これを entgermanisiert（degermanization, 非ゲルマン語化）という。

　英語が語源的に対応する（correspond）ドイツ語があれば、それは在来語（native English）である。

　book＝Buch ブーフ（ドイツ語の名詞は大文字で書き始める）

　make＝machen マッヘン

　I＝ich イッヒ

　最初の二つの単語を見ると、英語k＝ドイツ語 chらしい。Iの古代英語は iċ（イッチ）、オランダ語 ik イクなので、I＝ich が成り立つことがわかる。

　このように二つの言語の間に成立する音法則（sound law）を音韻対応（phonetic correspondence）と呼んで、歴史言語学・比較言語学の重要な概念である。ギリシア語・ラテン語とゲルマン諸語の間の音韻対応、英語・ドイツ語の間の音韻対応をグリムの法則（Grimm's Law, 1822）と呼ぶ。これは言語学の歴史において有名なので、普通の英和辞典にも見出しに載っている。

　グリムは Jacob Grimm（1785-1863）と Wilhelm Grimm（1786-1859）の兄弟で、『子供と家庭のための童話集』（Kinder- und Hausmärchen キンダー・ウント・ハウスメールヒェン, 1812-1815；210話；略してKHM）と『ドイツ伝説』（Deutsche Sagen ドイチェ・ザーゲン、1816-1818；585話）を出版した。兄ヤーコプは『ドイツ語文法』4巻を著し、その第1巻（第2版, 1822）に、のちにグリムの法則と呼ばれる音韻対応を示した。弟のヴィルヘルムは『グリム童話』を増補・改定して、今日、決定版になっている第7版（1857, 200話＋聖者物語10話）を残した。「赤ずきん」「白雪姫」「ヘンゼルとグレーテル」など、グリム兄弟が民衆の間に伝わるメルヘンを採録したものである。

　break＝brechen ブレッヒェン（破れる）

　cake＝Kuchen クーヘン（お菓子）

　cook＝Koch コッホ（料理人）

milk ＝ Milch ミルヒ（ミルク）

seek ＝ suchen ズーヘン（探す）

speak ＝ sprechen シュプレッヒェン（話す）

stick ＝ stechen シュテッヒェン（刺す）

stork ＝ Storch シュトルヒ（コウノトリ）

wake ＝ wachen ヴァッヘン（見張る）

week ＝ Woche ヴォッヘ（週）

　ドイツ語の動詞は -en に終わっているが、これは不定詞（infinitive）の語尾で、Old English の動詞は語尾が -an だった。macian マキアン 'to make'. これが Middle English 以後、-an ＞ -en ＞ -e となり、-n が消えてしまった。オランダ語はいまでも maken と書くが、発音は［ˈmaːkə］である。

　別の音韻対応を見てみよう。light, night, right などの gh は Middle English の時代には［ç］と発音していたが、現代英語では無音（サイレント）になってしまった。以下は Middle English

light［liçt リヒト］＝ Licht リヒト（光）

night［niçt ニヒト］＝ Nacht ナハト（夜）

right［riçt リヒト］＝ recht レヒト（正しい）

　英語の gh はその後、t の前でサイレントになり、その代わり、母音が長くなって、［liçt］が［liːt］となり、1400 年から 1700 年の間に二重母音になって［lait］となった。

　daughter ＝ Tochter も同じで、Chaucer の時代には doghter［ドホテル］であったが、gh がサイレントになり、o が長音となって［dɔːtə］となり、綴りも発音にあわせて daughter となった。

　以上に出てきた単語のうち、night と daughter は印欧祖語の時代からのもので、実に 5000 年の歴史を歩んできたものである。

　gh ＝ ch の例を、もう 9 個ほどあげよう。

brought ＝ brachte ブラハテ（運んだ）

eight ＝ acht アハト（8）

high ＝ hoch ホーホ（高い）

laugh = lachen ラッヘン（笑う）

might = Macht マハト（力）

neighbor = Nachbar ナハバール（隣人）

sight = Sicht ジヒト（視力）

through = durch ドゥルヒ（…を通って）

tight = dicht ディヒト（密接な）

eight の綴り字は非常に不規則だ。ラテン語 octo（October, octopus 8本足、タコ）＝ドイツ語 acht の母音は規則的な対応である。Old English の「8」eahta は a が h の前で ea になった結果である。a が ea になることを母音の割れ（breaking）という。neighbor は「近くに住む者」の意味である。neigh は「近い」の意味で、well-nigh「ほとんど」に残っている。この neigh が忘れられて、near-er, near-est が作られた（nea-r の -r がすでに比較級である）。neigh- の最上級が next（＜ nec-st）である。laugh ［lɑːf］の発音は不規則に見えるが enough ［iˈnʌf］の類例がある。しかし、そのドイツ語対応形 genug ゲヌーク（十分な、十分に）は音韻対応が一致しない。

might（Macht マハト）は may（mögen メーゲン、出来る）の名詞形である。類例は do → deed（ド tun トゥーン → Tat タート）、see → sight（ド sehen ゼーエン → Sicht ジヒト）、flee → flight（ド fliehen フリーエン → Flucht フルフト）。

ドイツ語に対応するものがあれば、それは本来の英語である、と述べたが、それでは、どうしたらそうだと分かるのか。英語の語源辞典を見れば、「ドイツ語…と同じ語源」とか「cf. ドイツ語…」と書いてある。語源辞典を見ないでできる方法はあるか。それは、ドイツ語の初歩を学習すればよい。基本文法と基本単語100語ぐらいは1か月で習得できる。ドイツ語を学習すれば、英語の古い姿が判明し、ますます興味を抱くようになるはずである。ドイツ語は英語に比べると、文法性や、格変化、動詞の人称変化がたくさんあって、面倒かもしれないが、新鮮な衝動を与えてくれるはずである。ドイツ語を知ることは、世界が二倍に広くなる、と言ってもよい。

それでは、音韻対応の例を英語＝ドイツ語であげる。グリムの法則は、子音に関しての法則である。

　d＝t：dale（詩語）＝Tal タール「谷」

　dance＝Tanz タンツ「ダンス」；tanzen タンツェン「踊る」

　day＝Tag ターク「日」

　deal＝Teil タイル「部分」

　deal＝teilen タイレン「分ける」

　dead＝tot トート「死んだ」

　death＝Tod トート「死」

　deep＝tief ティーフ「深い」

　dew＝Tau タウ「露」

　do＝tun トゥーン「…する」

　dream＝Traum トラウム「夢」

　drink＝trinken トリンケン「飲む」

　drive＝treiben トライベン「駆り立てる」

　dale（谷）は詩語で、o'er hill and dale（山越え谷越え）のように用いるが、「谷」は普通、フランス語からの valley を用いる。ドイツ語の Tal は Neandertal ネアンデルタールに見られ、dollar（ドル）は Joachimstaler（ボヘミアのヨアヒムの谷から採掘された金属の貨幣）の taler に対応する。

　dance はフランス語からの借用語で、オランダ語を経由してドイツ語に入った。

　deal は a great deal of（大量の）のような成句に用いられ、「部分」の意味はフランス語から入った part が用いられる。

　エ d ＝ド t だが、go＝gehen ゲーエン（行く）、give＝geben ゲーベン（与える）のように、語頭の g は g のままだ。give＝geben のように語中では、v＝b のように、語中では v＝b となっている。この例も多い。over＝über ユーバー「…を越えて」、even「でさえも」＝eben エーベン「平らな、まさに」、evening＝Abend アーベント「晩」

　d が語頭の例をあげたが、語中や語末の例を見ると、

beard = Bart バールト「ヒゲ」

bride = Braut ブラウト「花嫁」

card = Karte カルテ「ハガキ、切符、地図」

cold = kalt カルト「寒い」

God = Gott ゴット「神さま」

head = Haupt ハウプト「主要な」（頭の意味は詩語）

hold = halten ハルテン「保つ keep、とまる stop」

lead = leiten ライテン「導く」

loud = laut ラウト「声の高い」

red = rot ロート「赤い」

shadow = Schatten シャッテン「影」

widow = Witwe ヴィトヴェ「未亡人」（印欧祖語の時代からあり）

word = Wort ヴォルト「単語」

　head（Old English は hēafod ヘーアヴォッド）はラテン語 caput カプットと同源で、ラテン語 c = 英語 h の例は cord- コルド = heart；ラ cornū コルヌー = 英 horn に見られる。ラテン語 p = 英語 f（pater = father）なので、ラテン語の caput が Old English の hēafod は正しいのだが、語中の -f- が消えて head になってしまった。

　th = d の例は定冠詞 the = ドイツ語 der デア男性、die ディ女性、das ダス中性、die ディ複数（the books = die Bücher）

then = dann ダン「そのとき」

there = dort ドルト「そこに」

thank = danken ダンケン「感謝する」

think = denken デンケン「考える」

three = drei ドライ「三」

thief = Dieb ディープ「ドロボウ」

bath = Bad バート「温泉」

earth = Erde エールデ「地球」

mouth = Mund ムント「口」

　最後の例のように、n が消える例。us = uns ウンス私たちに、five

= fünf フュンフ；goose = Gans ガンス（ガチョウ）

　t = s, ss の例：eat = essen エッセン「食べる」

that = das ダス「それ」；dass ダス「…ということ」接続詞。

out = aus アウス「そとへ」

better = besser ベッサー「よりよい」

great = gross グロース「大きな」

street = Strasse シュトラーセ「通り」

water = Wasser ヴァッサー「水」

what = was ヴァス「なに?」

　ドイツ語学習の際に、自分で拾ってみるとよい。

Europe, West and East（西欧と東欧）

　ヨーロッパを西と東に分けると、西ヨーロッパの諸言語は冠詞が発達しているのに対して、東ヨーロッパでは、これが発達していない。次の表は Gyula Décsy ジュラ・デーチ（1925-2008）の『ヨーロッパの言語的構造』Die linguistische Struktur Europas. Wiesbaden 1973, の議論を図解したものである。デーチはチェコ生まれだが、名前はハンガリー語である（gy ジ、cs チ、はハンガリー語の特徴）。ウラル語学、スラヴ語学が専門だが、言語類型論 linguistic typology でも有名である。ハンブルク大学教授だったが、1967年、カリフォルニア大学に移った。いま手元に著者から贈られた Gyula Décsy Bibliographie 1947-1974, Kommissionsverlag Otto Harrassowitz, Wiesbaden 1975, 37 pp. があり、1960年代はハンブルク大学とカリフォルニア大学で講義をしていた。Schülerarbeiten（教え子の論文）に Wolfgang Veenker：Die Frage des finno-ugrischen Substrats in der russischen Sprache（Diss.phil.Hamburg 1966）= Indiana University Publications, Uralic and Altaic Series, Vol.82, Bloomington & The Hague, xv, 329pp. のような、面白いものが入っている。著者の主要著作の一つ Einführung in die finnisch-ugrische Sprachwissenschaft（Wiesbaden, 1965）については12人の書評が出た。

　本題に戻るが、ヨーロッパを西と東に分けて、次のように図解し

ている。

西ヨーロッパ	東ヨーロッパ
ゲルマン諸語	スラヴ諸語
ロマンス諸語	バルト諸語
	バルカン諸語
改新的地域	保守的地域
innovative area	conservative area

　西ヨーロッパの諸語はhave動詞が非常に発達しているが、ロシア語のような言語ではhaveが発達せず、I have a book, I have time and money, I have father and mother, I have two brothers というような場合、人間は主語に立たず、所有物が主語に立っている。このことはロシア語の隣人であるフィンランド語も同様で、I have a book は minulla on kirja ミヌッラ・オン・キルヤ、英語に直訳すると by me is a book（私のところに本がある）という。

　have は「とらえる、つかむ、にぎる、獲得する」のような動詞から二次的に発達した。ラテン語には habeō ハベオー 'I have' があったが、I have a book は habeō librum ハベオー・リブルム、よりも mihi est liber ミヒ・エスト・リベル、mihi 私に liber 本が est ある、のほうが普通の表現であった。イタリア語になって、ようやく ho un libro オ・ウン・リブロ I have a book の表現になった。

　この habeo はドイツ語の ich habe イッヒ・ハーベ、に似ているが、語根は別で、ラテン語の habeo は *ghabh- グハブフ「与える、取る」（英語 give の語根）から来ている。英語の I have とドイツ語の ich habe は同じ語根だが、ともに *kap-（とらえる、cf. capture）からきている。

　定冠詞や不定冠詞が発達したのは、せいぜい、この1000年の間である。Old English の ān の弱い形が a となり、an apple のように、母音の前に -n が残った。an の強調形が one となった。同様に that の弱形が定冠詞 the となった。the book は that book が原義である。関

係代名詞 This is the book that I bought yesterday. も This is the book. I bought that yesterday. が一つになった結果である。This is the book which I bought yesterday. のように疑問代名詞を関係代名詞に用いるのはラテン語ないしフランス語の表現をまねたものである。フランス語の関係代名詞は、目的語の場合、lequel ルケル、と que ク、の二種がある。

人称代名詞 I, my, me, you, your, you, he, she, it, we, our, us…は純粋な英語だが、they, their, them はヴァイキングがもたらしたデンマーク語である。チョーサー Chaucer（1340?-1400）においては、主格は they だが、所有格 hir, her, 目的格 hem で、Old English の形がまだ残っている。I はラテン語 ego（cf.egoism）と同じ印欧語根 *eg- に由来し、オランダ語 ik イク（私は）はラテン語に近い形を示している（g→k はグリムの法則による）。

数詞 one（古形 an）は印欧祖語 *oinos オイノス（*oin-os の -os は男性単数主格語尾）に由来するが、ゴート語（西暦4世紀、ゲルマン語の古い言語）は ain-s で、oi- ＞ ai- は音法則的な発達である。-os はゴート語で -s になった（語幹形成母音 -o- が消える）。ゴート語 ains アインスが Old English で ān となり、ドイツ語では ein アイン、となった。

指示代名詞に由来する this, that, the, then, there, thus（このように、かくて）に見える th- は印欧祖語の指示詞 *to（それ）に由来し、ギリシア語の定冠詞中性 to（to biblíon 'the book'）の to はブルガリア語 pismó-to ピスモー・ト（定冠詞後置）'book-the' = the book の to やラテン語 is-tud 'that' の -tud にあたる。

be, have と並んで重要な助動詞 do が基本語100のリストにないのも不思議だ。do の印欧語根 *dhē- ドヘー、の意味は「置く」で、この意味は英語 don「着る＜do on」、doff「脱ぐ＜do off」に残る。ドイツ語 auftun アウフ・トゥーン（up-do）「開ける」、zutun ツー・トゥーン（to-do）「閉める」も同じような語形成を示している。

この do はゲルマン諸語では動詞の過去形に用いられた。I live-d, I

loved, I work-edのような規則動詞は、本来、名詞や形容詞から派生した動詞（これをdenominative verbという）であるが、I work-edは「私は仕事をした、働くことをした」が原義であった。この-edはdoの過去形（アオリスト形）であった。ドイツ語ich arbeite-teイッヒ・アルバイテテ「私は働いた」も「私は働くことをした」が原義であった。

　前置詞in, on, for, to, by（以上、すべて印欧祖語より）や接続詞and, or, butなどが基本語100語の中にないのも不思議だ。butはaboutと同じ語源だが、これはā-b-ūt-an（まわりに）の4つの要素からなっており、すべて純粋に英語である。ā（on），b-（be），ūt（out），-an（from）．最後の-anの例はūtanウータン「外から」、sū-thanスーザン「南から」。

　以上のことから、文法的な単語、文法形式は、純粋な英語で、その多くはゲルマン諸語に共通であり、さらに、印欧祖語から受け継いだ遺産であることが分かる。

F

festival（お祭り）

　人間は労働のほかに休養、娯楽も必要である。ローマの政治家は「パンとサーカス」を人民に約束して、選挙の票をかせいだ。ホモ・ルーデーンスhomo ludensはラテン語で 'playing man' の意味だが、人間は本来、遊ぶ本能を備えている、の意味である（ホイジンガの著書名）。そこで、祭り、クリスマス、イースターなどの表現を見てみよう。ホモ・モウェーンスhomo movensは「移動する人間」人間は、住みよい土地を求めて移動する、の意味である。

　festival（祭り）はラテン語festivalisフェスティワーリス（祭りの）という形容詞からきている。feast（祝宴）はラテン語festusフェストゥスからきている。フランス語fêteフェートはsが消えた形、ドイツ語Festフェストにはsが保たれている。hôtelオテル、とhostel, étrangerエトランジェとstrangeを比べると、-s-の有無がわかる。

　クリスマスChristmasは「キリストのミサ」の意味で、オランダ

語Kerstmisケルストミス、と同じ。ドイツ語Weihnachtenヴァイナ
ハテン、は「聖なる夜に」(-enは複数与格)。デンマーク語julユー
ル（真冬の祭り）はキリスト教以前の祝祭。フランス語Noëlノエ
ル、スペイン語Navidadナビダ、イタリア語Nataleナターレは「生誕
の日」。ロシア語roždestvóラジュジェストヴォーは「生誕」、現代
ギリシア語Khristoúgennaフリストゥーイェナは「キリストの生
誕」の意味である。

　ドイツ語のWeihnachtenヴァイナハテン（クリスマス）は聖なる
夜に 'on holy nights' の意味。weih-ヴァイ（神聖な）はゴート語
weihsウィーヒス。ドイツ語「神聖な」はheiligハイリッヒ（英語
holy）という。Heilandハイラント（救世主）、Heliandヘーリアント
（西暦8世紀の古代サクソン語の文献）、英語heal治療する、health
健康、whole完全な、にも同じ語根が入っている。weih-の単語は古
代ノルド語véヴェー（神殿）に残る。アンデルセンの故郷オーデ
ンセ Odense は「オーディンの神殿」Odins vé の意味である。

　デンマーク語julユール、はスウェーデン、ノルウェーでも同じ
で、異教時代の冬至の祭りで、収穫祭をかねていた。フィンランド
語に借用されて、jouluヨウル、という。フランス語以下のロマン
ス諸語は「キリストの生誕の日」の意味で、Natalieナタリーは
「キリスト生誕の日に生まれた」女子、の意味である。

　<u>イースター</u>Easter（復活祭）はキリストの復活を記念する祭りで
3月21日またはそれ以後の満月の次の最初の日曜日。イースターは
冬から夏への衣装替えの日で、学校では2週間の休暇にはいる。
イースターの原義は光と春の女神で、eastと同じ語根 *aus-「光る」
からきている。auroraオーロラも同じ語根からきている。ドイツ語
Osternオースターンも同じ語源。フランス語 les Pâquesレ・パーク、
はラテン語Paschaパスカ、ギリシア語Páskhaパスクハで、ヘブラ
イ語「過ぎ越しの祭り」より。

　<u>カーニバル</u>carnival. 謝肉祭。キリストが荒野で40日間苦行（四
旬節, Lent, 2月から3月）したので、その間、肉の食事をやめる前

の3日間、肉を食べる習慣。carnem levāre カルネム・レワーレ（肉を減らす）が語源だが、carne valē カルネ・ワレー！（肉よ、さらば）と解釈された。ラテン語 valē ワレーは「お元気で」の意味。

　　ハロウィーン Halloween. 語源は All Harrow Even 万聖節の宵祭り、10月31日。もと、スコットランドの収穫祭。カボチャをくりぬいて、中にロウソクをともしながら、魔女の仮面をかぶって街路を練り歩く。ケルト人の新年は11月1日だったので、10月31日は大晦日にあたる。アメリカ合衆国はケルト系の移民が多いので、アメリカでも重要な祭日になっている。een, e'en, even はドイツ語 Abend アーベント（晩）と同源である。

　　バレンタイン Valentine, 2月14日。女性から男性にプレゼントを贈る日として、日本でも定着している。3世紀に殉職したローマの聖者 St.Valentine の日。この名は valentinus ワレンティーヌス（元気な）からきている。異教の荒れ地で宣教する人は精神的にも肉体的にも頑丈でなければならない。

　　以上のまとめ。1.　folk, folklore, folk song などはゲルマン固有の文化だが、people, public, publish はラテン語からきたローマ文化である。Sunday, Monday はラテン語を訳したものだが、Tuesday, Wednesday にはゲルマンの神が入っており、英語の中には、ゲルマンとローマの文化がみられる。

2.　曜日、月、季節の名にも語源がある。ゲルマン人がローマ人と接触して、春や秋という季節を知ったとき、ゲルマン人は春を「芽の出る季節」とか「早い季節」と呼び、秋を「収穫の季節」と呼んだ。

franglais（フラングレ français et anglais ＝フランス語＋英語）

　　フランス語は英語への最大量の語彙提供者であったが、1945年以後は、国威高揚にともなって、英語がフランス語の中になだれ込むことになった。次のようなフランス語と英語のゴチャマゼをフラングレ（franglais ＜ français et anglais フランセ・エ・アングレ）と呼んで、フランスにおける言語問題になっている。

以下の例はEtiemble, Parlez-vous franglais? パルレ・ヴー・フラング
レ. Paris 1964.（J.Fox and R.Wood, A Concise History of the French
Language. Oxford, Basil Blackwell, 1968, p.25）より。René Etiemble
（1909-2002）はフランスの作家で、英語がフランス語に過激に流入
していることに警告を発した。

…Albion et l'Amérique 英国と米国は供給する

Sont nos fournisseurs de mots chics…オシャレな単語を

La divine relaxation 神々しい気晴らし、とか、

Ainsi que la reservation, 予約とか、

Le debating et le parking, 議論とか、駐車とか、

Public-relations et footing, 広報とか、足場とか、

Le living-room et le pressing, 居間とか、督促とか、

Le lunch, le match et la building, 昼食、試合、建物、

Leadership, suspense et camping, 統率力、緊張、野営、

Business, label et standing…仕事、紙片、身分

Steamer, record, boxe et pudding, 蒸気船、記録、拳闘、洋菓子、

Le garden-party et le swing. 園遊会、振動。

　フランス語があるのに、アメリカ語を使うとは、けしからん、と
フランス語純粋主義者は嘆いている。

　以上をまとめると、1. 名詞が最も借用しやすい。これはどの言
語にもあてはまる。形容詞の例を一つあげる。nice（すてきな）は
チョーサーの時代（14世紀）には「愚かな」の意味だった。古代
フランス語nice［ni:s］はラテン語nescius ネスキウス「無知の」か
らきた。ne-scius 'not-knowing'

2. easyのような平易な単語もフランス語＋英語である。フランス
語aise エーズ（安楽）に英語の形容詞語尾-y（rainy, snowy）がつい
た。dis（否定）＋ ease ＝ disease（病気）

French（フランス語）

（1）序説：フランス語は英語のあらゆる分野に入り込んでいる。
日本語におけるカタカナ語と似た現象である。漢語（Sino-Japa-

nese）のようである。自家用車というところをマイカー、既製服というところをプレタポルテ（フランス語 prêt-à-porter 'ready to wear' 着るばかりになっている）という。電話券といえるのにテレホンカードという。「手引き」はハンドブック（英語）もあるが、ラテン語起源のマニュアルを使うことも多い。manual はラテン語 manuālis 手の< manus 手。

　具体的な材料を得るために英語の教科書を見てみる。手元にある中学英語『ニュークラウン』（三省堂）1年・2年・3年の英語800語を調べてみると、借用語はフランス語からのものが182語、ラテン語からが14, ギリシア語からが3, ノルド語からが7語あった。

　フランス語は多いので、全部を列挙することはやめて、気づいたことを3項目ほど述べる。

1.　city, flower, joy, money, mountain, nation, river, season, table, tennis, village など、平易なものが多い（house, road, town, way などは英語である）。親族語彙 aunt, uncle, parents はフランス語だが、father, mother, son, daughter はゲルマン語的、そして印欧語的である。grandfather, grandmother は grand- の部分がフランス語で「大きい」の意味。parents の原義は「生む人たち」で、-ent は student 研究する人、学生、resident 居住する人、居住者、のように現在分詞からきている。-end は friend 友人、fiend 憎む人、敵、に見るように、印欧祖語に由来する。

2.　形容詞も easy, fine, foreign, nice, poor, round など、平易な単語ばかりである。easy は ease（安楽、容易）がフランス語起源だが、語尾の -y は英語起源である（rainy, snowy, windy）。easy の反意語 difficult はラテン語起源で、フランス語は difficile ディフィシルという。foreign language（外国語）のフランス語は langue étrangère ラング・エトランジェールで、étrangère はラテン語 extraneus エクストラネウス（外の）からきた。その源はラテン語 extra（外に）だが、ec-stra- が簡単になり、英語 strange になった。

　nice はラテン語 ignorans イグノランス（無知の）からきて、Middle Englishでは、まだ、「おろかな」の意味だが、その後、「すてきな」に意味が変化した。

3. 動詞も cry, enjoy, enter, invite, stay, study など、平易なものが多い。enter はラテン語 intrare イントラーレ「入る」からである。cf. intra 中へ、extra 外へ。「入る」の反意語 go out は本来の英語で、ドイツ語 ausgehen アウスゲーエン（aus 外へ、gehen 行く）と正確に一致する。stay はフランス語経由だが、ラテン語 stare スターレ、立っている、に由来し、スペイン語 estar エスタール、はe- が前に置かれている。スペイン語の例：estoy bien エストイ・ビエン「私は元気です」、estoy en Tokio「私は東京にいる」。

　前置詞 during の dur- はフランス語 durer デュレ（続く）に英語の現在分詞 -ing がついたもので、during the war, during the vacation は「戦争が続きながら」「休暇が続きながら」という分詞構文からきている。

（2）日本語は牛と牛肉、羊と羊肉、ブタとブタ肉、のように、動物のあとに「肉」をつけるが、英語は cow と beef, sheep と mutton, pig と pork のように、異なる単語を用いる。cow, sheep, pig は本来の英語であるが、その肉が食卓に載ると、フランス語になる。ほかに子牛（calf）とその肉（veal）、鹿（deer）とその肉（venison）がある。chicken（鶏と鶏肉）のような例外もある。フランス料理はアングロ・サクソン人には豪華に見えた。

　ご馳走用語は、今日にいたるまで、フランス語起源が多い。これは日本語にもあてはまる。料理長の chef は英語の chief チーフにあたるが、英語でもそのままの発音で借用され、日本語でもシェフと言っている。フランス語の chef は chef de la famille シェフ・ド・ラ・ファミーユ（世帯主）、chef de la gare シェフ・ド・ラ・ガール（駅長）のように用いる。gare ガール（駅）の派生語が garage ガラージュ、ガレージ（車庫）である。gare の動詞が garer ガレ「駐車させる」となる。

　英語 chief は、古い時代に、まだフランス語で ch が［tʃ］と発音

されていた時代に借用された。「部屋」はroomがあるのに、chambre（部屋）が借用された。そのころchambreは［tʃambrチャンブル］と発音されていたが、英語はその後-a-が二重母音になり、［ˊtʃeimbəチェインバ］となった。フランス語は13世紀に［tʃ］の［t］が落ちて［ʃ］となり、全体の発音は［シャンブル］となった。今の英語はChamber of Commerce（商工会議所）とかchamber orchestra（室内管弦楽団）に用いる。

「宮廷」の英語にはhofがあった。ドイツ語はいまでもHof［ホーフ］を用い、Königshof［ケーニックスホーフ］（王宮）、Bahnhof［バーンホーフ］（鉄道駅、駅）、Friedhof［フリートホーフ］（平和の宮殿、墓地）というが、英語はフランス語のcourtやpalaceを採り入れた。

（3）ラテン系とゲルマン系：フランス語はラテン系、英語はゲルマン系だが、フランス語と英語は1066年に急接近する事件が起きた。フランスのノルマンディー公（Duke of Normandy）ウィリアムはイングランドに上陸し、ヘスティングスの戦い（Battle of Hastings）で英国のハロルド王（Harold ＜ Here-weald, 軍の統治者）を打ち破り、英国の支配者になった。それとともに、フランス語が英国の支配階級の言語になった。Williamウィリアムはフランス語読みでGuillaumeギヨームとなる。ｗとｇの関係は英語warがフランス語でguerreゲールとなる。wardとguardの関係も同じ。

北フランスのノルマンディー Normandyは「ノルマン人の国」の意味で、normandは「北の人」の意味である。normandはデンマーク語の綴りで、スウェーデン語とノルウェー語はmandの代わりにmannと書く。国の名を表す接尾辞はItalia, Scandinavia, Russia, Gallia, Graeciaに見える。

ウィリアム（ギヨーム）の時代に英語に入ったフランス語はノルマンディーのフランス語、つまりノルマン・フレンチだった。これは北フランス語である。これと中部フランス語（パリのフランス語）との相違は語頭のca-［カ］, cha-［シャ］である。

北フランス：castel 城＞ｴ castle（cf.Lancaster）

中部フランス：chastel 城＞château シャトー（cf.Manchester では
[tʃ] の音が保たれている。

　同様に market の [k] と merchant の [tʃ] を比べると、「市場」は北フランス語から、「商人」merchant は中部フランス語から来たことが分かる。merchant の -ant は assistant, protestant の -ant と同じく「…する人」である。

　こうして、宮廷と行政の言語がフランス語となり、英語の中に大量のフランス語が流入することになった。

　次の文を見ていただきたい。

（4）語源分析例：The dictionary was edited by a famous scholar.

　　（この辞書は有名な学者が編集したものである）

　この文章の中で、本来の英語は the, was, -ed, by, a だけで、その他の dictionary, edit, famous, scholar のような実質的な内容の単語はすべてフランス語ないしラテン語起源である。冠詞や前置詞のような文法的な単語は在来語（native words）だが、学術語・抽象概念・高尚な内容のもの、は外来語（foreign words）である。

　フランス語といっても、そのもとはラテン語であるから、state（国家）のような場合、フランス語かラテン語か、判断がむずかしい。この場合、estate（所有地）と異なり、語頭に e- がないことから、ラテン語 status からであることが分かる。今のフランス語では état となる（coup d'état, クーデター、国家の打倒）。

　dictionary は、フランス語 dictionnaire（ディクショネール）なので、ラテン語の形 dictionarium（dictio「ことばを集めたもの」）のほうが近いようにみえる。

　edit（編集する）はラテン語 ex-dō［エックス・ドー］「外に与える」が語源で、過去分詞 editus（編集された）から作られた。「外に与える」はドイツ語の「編集する」herausgeben ヘラウスゲーベンと共通している。heraus「外へ」＋ geben「与える」。英語の publish「出版する」は public と同じ語源で、民衆（people）に広める、民衆

のものにする、が原義だった。書物は、昔は、王侯貴族や金持ちの所有物であったが、グーテンベルクの印刷術（1540）のおかげで、安く、一般庶民も手に入れることができるようになった。publishのpubl-はpeopleの意味で、語尾-ishはfinish, flourish, nourish, punishに見える。

famous（有名な）はfame（名声）の派生語で、名詞の語尾もラテン系である。-ousはラテン語-osus, フランス語-euxで、delicious, fabulous, rigorous, vigorousに見える。fameはfable（寓話、お話）と同根である。

scholarは語頭に［sk-］があること、語尾-arがフランス語よりもラテン語的であることを思わせる。ラテン語schola（学校）はフランス語école［エコル］、古いフランス語ではescole［エスコル］のように語頭にe-がつく。これはフランス語が語頭に2個の子音が続くのを好まぬためである。英語はstop, spring, streamなど子音連続（consonant cluster）が多い。ラテン語statusがフランス語ではétat（既出）となり、スペイン語estado［エスタード］も同じ理由による。scholaはスペイン語ではescuela［エスクエラ］となる。

scholarの語尾-arはplayer, teacher, writerの-erと異なり、ラテン語scholaris（学校の）という形容詞の-aris（militaris兵士の）に由来する。

フランス語からの借用語（loanword）は政治・法律・経済・教会・衣服・食事・娯楽・学芸のあらゆる領域にわたり、特に洗練された生活に関するものが多い。フランス語から採り入れられた語彙から、中世から近代までの英国の社会状態を知ることができる。以下、語源のフランス語はOld FrenchかMiddle Frenchの語形で書くべきであるが、便宜上、現代のフランス語で記す。

宮廷生活（court life）のcourtはフランス語のcour［クール］からきたのだが、テニスコートのコートと同じで、本来は「中庭」の意味だった。courteousは「宮廷の」から「礼儀正しい」となり、courtesy「礼儀」、by courtesy of「…の好意により」などと用いられる。

ドイツ語のHof［ホーフ］も「中庭」と「宮廷」の両義があり、その形容詞höflich［ヘーフリッヒ］は「礼儀正しい、丁寧な」となる。

　宮廷に登場した新語はprinceとprincessである。フランス語prince［プランス］、princesse［プランセス］からの借用で、それ以前はking's son, king's daughterと言っていた。ドイツ語は今でもKönigssohn［ケーニックス・ゾーン］、Königstochter［ケーニックス・トホター］といって、グリム童話に出てくる。princeの語源のprinceps［プリンケプス］は*primum-「王位の第1位を」cap-s「得る者」の意味だった。このcap-は英語のhaveと同根である。『星の王子さま』The Little Princeはフランス語Le petit prince［ル・プティ・プランス］、ドイツ語Der kleine Prinz［デア・クライネ・プリンツ］で、「王子」はフランス語からである。「プチ・プランス」はテレビの歌にもあった。

　他にも新顔は多い。「男爵」baronはフランス語baronバロンから。「伯爵」countはフランス語comte［コント］から。comteの語源はラテン語comesだが、このcomesは属格comitisで「一緒に」com-「行く（-it-）人」「従者、皇帝の従者」の意味である。「伯爵夫人」countessはフランス語comtesseコンテス（このmが重要）からである。「貴婦人」dameはフランス語dame［ダーム］からで、普通はma（私の）をつけてmadameという。「侯爵」dukeはフランス語duc［デュク］で、ラテン語dūx［ドゥークス］（属格dūc-is）は「導く人、指導者、将軍」の意味である。ラテン語dūcō「導く」は英語e-ducate（教育する）に入っている。「侯爵夫人」duchess.「皇帝」emperorはフランス語empereurアンプルールより。「皇后」empressのフランス語impératriceアンペラトリスはラテン語に近い形を示している。

　（5）形容詞の中からはnoble（高貴な）とroyal（王の）をあげる。フnobleノーブルはラテン語(g)nōbilisグノービリス「知られた」より。語根*gno-「知る」は英語knowで、ここでgがkになるのはグリムの法則による。corn（穀物）とgrain（穀物）は、ともにラテン語grānumグラーヌム（穀物）からきていて、cornのほうが、早

くから英語に存在していた。royalはラテン語rēgālis（王の）からで、rēgālisはラテン語rēxレークスの形容詞である。rēxはrēg-sからでregō（支配する）にgが見える。「王立劇場」Royal Theatreのtheatreはフランス語ないしイギリス英語の綴りで「テアトル銀座」が思い出される。theaterは、thが示すように、ギリシア語起源で、「見る場所、観覧席」の意味だった。劇、演劇はギリシア発である。drama, melodramaもギリシア語である。

「宮廷」はcourtがあるが、palaceのほうが普通に用いられる。これはフランス語palais（パレ）からで、語源のラテン語palatium（パラティウム）はローマの7つの丘の一つで、カエサル一家の宮殿があった。

　政治（government）関係の用語をあげる。governmentそのものが、フランス語のgouvernementグヴェルヌマンからきている。その語源はラテン語gubernāreグベルナーレ（舵を取る）である。ラテン人が、ギリシア人と同様、海洋民族であったことが察せられる。フランス語parlementパルルマンは「話すこと」が原義で、そこから「話す場所」「議会」になった。「話す」のフランス語parlerはje parle françaisジュ・パルル・フランセ（私はフランス語を話す）のように用いる。parlerからparloirパルロワール（話す場所）、英語parlor（客間）ができた。

　people（人民）、power（権力）のような語もフランス語からきた。フランス語peuple（プープル）はラテン語populusからで、popularの源泉が見える。powerはフランス語pouvoirプーヴォワール（できる、can）からである。

（6）English-speaking countries（フランス語pays anglophones）のような場合、「国」はlandsではなく、countriesを用いる。countryはフランス語contréeコントレからで、これはラテン語terra contrata（都会の反対側、向かい合っている土地）からきた。countryにはフランス語はpaysペーイを用いる。paysはラテン語pagensisパゲンシス（村の、いなかの）からきている。「村」が「国」になったのは、意

味論の「意味の拡大」widening of meaningの例である。フランス語paysから英語のpeasant（小作人、小さい農民）ができた。「国」の本来の英語landはEngland, Greenland, Iceland, Scotland, the Land of Promise *or* Promised Land（約束の地、創世記；神が約束した美しいカナーンCanaanの地；パレスチナ西部）、by land（陸路で）、make land（陸に着く）などと用いる。

　軍事（military affairs）関係の用語もフランス語からきている。army陸軍、arms武器、battle戦闘、castle城、enemy敵、force力、武力、navy海軍。peace（平和）はフランス語paix［ペー］からだが、war（戦争）は本来の英語である。warはフランス語に輸出されてguerre［ゲール］となった。wがgになるのはwarrantがgarantirガランティール（保証する）になるのに見られる。フランス人はwの発音がむずかしいので、gになった。oui「ウイ」（Yes）があるのに。フランス語guerreは戦後（1945）日本にも輸出されてアプレ・ゲール（après-guerre「戦後」）と用いた。

　(7) enemy（敵）はフランス語ennemiエンヌミからで、そのラテン語inimīcus イニミークスはin-amīcus イン・アミークス「友人でない者」であることがわかる。英語の本来語fiend［fi:nd］（原義：にくむ人）よりも使用頻度が高い。force「力」はフランス語force フォルス、はラテン語fort-ia「強さ」からだが、英語本来のmightやstrength（-t, -thは名詞語尾）と並んで用いられるが、air force, armed forcesにおいてはフランス語が用いられる。peaceはフランス語paix［ペー］からで、peaceful（平和の）、pacific（平穏な）、Pacific Ocean（太平洋）と同様、ラテン語pāx［パークス］からきている。南米ボリビアの首都ラパスはスペイン語La Pazで 'the peace' の意味である。時事用語Pax Americana（アメリカの支配による平和）は第一次世界大戦（1914-1918）後の国際秩序を指し、Pax Britannicaは英国支配による19世紀の国際秩序を指す。動詞pay（支払う）もフランス語payer［ペイエ］からで、原義はラテン語pācāre パーカーレ「なだめる、支払って相手をなだめる」からきた。ドイツ語の「支

払う」zahlen ツァーレンは「数える」が原義だった（Zahl ツァール「数」）。

（8）法律（law）という英語は「置かれたもの、定められたもの」が原義で、law は lay（置く）と同源である。ドイツ語の「法律」は Gesetz ゲゼッツで、原義は「置かれたもの」（setzen ゼッツェン）である。法律関係のフランス語からの借用語は judge（裁判官）、just（正しい）、marry（結婚する）、property（財産）、prove（証明する）、traitor（反逆者）がある。just のような基本語（just now, I have just arrived）も、もとはラテン語 jūs ユース「法、正義」、jūstus ユーストゥス「法をもてる、正義の」であった。legal（法律の）はラテン語 lēgālis（法律の）からきた。フランス語を経由して loyal（忠実な）がきた。ラテン語 lēx（属格 lēg-is）は rēx（王；属格 rēg-is）と同じ変化形式を示している。

（9）marry のフランス語 se marier［ス・マリエ］（結婚する）の原義は「自分に（se）夫（mari マリ）または妻（marie, 現代語 femme ファム）を得る」であった。

traitor（裏切り者）はフランス語 traître トレートル、ラテン語 trādō トラードーからで、trādō は trāns-dō（向こう側へ与える、裏切る）からきた。Translators are traitors（翻訳者は反逆者なり）の出典はイタリア語 Traduttori traditori. トゥラドゥットーリ・トラディトーリで、'are' にあたる語が省略されている。これを名詞文（nominal sentence）という。

（10）宗教（religion）はフランス語 religion［ルリジオン］、ラテン語 religio［レリギオー］だが、それは神と人間の契約を意味した。もとになっている動詞は re-lig-āre（結び返す；人間から神へ、そして神から人間へ）である。この分野の借用語は charity（キリスト教的な愛、慈善）、faith（信仰）、grace（慈悲）、pilgrim（巡礼者）、pity（憐れみ）、pray（祈る）、saint（聖なる、聖者）、saviour（救世主）がある。faith のようにフランス語借用語に -th はめずらしいが、これは古代フランス語 feid, feit が、当時、［θ］と発音されていたこと

による。ラテン語fidēs［フィデース］が古代フランス語でfeidとなり、フランス語foi［フォワ］となった。ラテン語に近い形がfidelity（忠実さ）、high fidelity（原音に近い、高度に忠実な音の再生）に見られる。

（11）巡礼者pilgrimはプロヴァンス語（南フランス語）pelegrin, フランス語pèlerin［ペルラン］のラテン語peregrīnusペレグリーヌスは「外国人」の意味で、原義は「畑を通って（per agrum）行く人」であった。

（12）「聖なる」にはholy（ドイツ語heiligハイリッヒ）があるが、人名や地名にはsaint（ラsanctus）を用い、Saint Andrews, Saint Germain, Saint Helena, Saint Lawrence, Saint Patrick, Saint Paul, Saint Pierre, Saint Valentineのようにsaintを用いる。holyはholiday（休日）、Holy Grail（聖杯、キリストが最後の晩餐に用いた）、Holy Roman Empire（神聖ローマ帝国；962-1806）、Holy Spirit（聖霊）のように用いる。地名にHoly Island（イングランド北部、別名Lindisfarne）は英国Berwick-upon-Tweedの沖にあり、793年A.D.にヴァイキングの襲撃を受けた。Holyhead（聖なる岬）はアイルランド行きの船の出航地である。Berwickはベリックと発音し「麦畑」の意味。

Saintで有名なサンタクロース（Santa Claus）は4世紀初頭小アジア（いまのトルコ）のリュキア（Lycia）の司教だった聖ニコラス（Nicholas）の別称で、船乗り、旅行者、子供の守護聖人としてギリシア正教会（Orthodox）の最も有名な聖人となった。祭日は12月6日であったが、その後、聖ニコラスがクリスマスイブに子供に贈り物をする習慣が定着した。ClausはNicholas, Nikolausの短縮形で、nikoはギリシア語で「勝利」＋laus「民衆」で「民衆の勝利者」の意味である。ハンガリー語の男子名Miklós［ミクローシュ］。

（13）art（芸術）もarchitecture（建築）もフランス語からの借用語である。この分野からはcarpenter（大工）、chamber（部屋）、color（色）、design（図案）、furnish（供給する）、furniture（家具）などがあげられる。carpenterはフランス語charpentier（シャルパンティエ）

からだが、そのもとはケルト語carpentumカルペントゥム（馬車）
だった。「車大工」の意味が拡張されて「大工」となった。「車大
工」は人名にもある。作曲家ワーグナー（Wagner）は「車大工」
の意味で、Wagenヴァーゲン「車」に「人」を表す-er（buyer, sell-
er）がついた。Carterカーター、Cartwrightカートライトはどれも
「車大工」、俳優のJohn Wayneも同じ意味である（wain, wagon, wag-
gon車）。ドイツ語の「大工」ZimmermannツィマーマンはZimmer
ツィマー（部屋）を作るmann（人）である。ツィマーマンという
ドイツ人名も普通にある。

　chamberはフランス語chambreシャンブル（部屋）からだが、そ
のもとはラテン語camera（カメラ）である。写真機のカメラは
camera obscura（暗い部屋、暗室）の形容詞が省略された形である。
ラテン語では、フランス語と同様、形容詞が名詞のあとにくる。
Pax Americana（アメリカ平和）はすでに出た。ラテン語cameraは
［ˈka-me-ra］のようにアクセントが終わりから3番目の音節（これ
をante-paenultimaという）にあると、次の音節の母音eが消失し、
cam-raとなるが、-mr-は発音しにくいので、渡り音（glide）が生じ
て-mbr-となった。同様に、ラテン語numerus（数）はnumruが
numbrとなり、英語numberとなった。フランス語nombre［ノンブ
ル］は日本語では印刷用語ノンブル（ページのこと）になった。
（14）主従関係のmaster（主人）もservant（召使）もラテン系だが、
masterは古代英語の時代にラテン語magister（マギステル）から入っ
た。magis-terは「より大なる者」の意味で、mini-ster「より小なる
者」に対する。ラテン語が入ってくる以前の「主人」はlordと言っ
たが、これはhlāf-ordフラーフ・オルド「パンを守る者」が縮んだ
形である。ladyの語源は古代英語hlāf-digeフラーフ・ディエ「パン
をこねる者」である。servantはラテン語servāreセルワーレ「奉仕
する」に、行為者（agent）接尾辞-antがついた。フランス語が入っ
てくる以前の「召使」はthaneやknightだった。knightは、のちに、
「騎士」に意味が向上した。

目上の者に対する敬称 sir（Yes, sir）のフランス語は sire シールだが、これはラテン語 senior セニオル（より年長の）の弱形である。英語の sir にあたるフランス語は monsieur ムシュウ 'my gentleman' である。

　（15）食事に関しては肉の料理 beef, mutton, pork がある。1日3食という制度は、かなり贅沢な習慣だが、これはすでにローマの時代からあり、ラテン語では朝食、昼食、夕食を iēntāculum イエーンタークルム、prandium プランディウム、cēna ケーナ、と言った。原義は、それぞれ、「空腹をいやすもの」「早い食事」「晩餐、原義：部分、分け前」であった。英語 breakfast, lunch, supper（dinner）のうち、フランス語からの借用語は supper と dinner である。supper は soup と同じ語源で、sup（すする）の派生語である。dinner は *dis-jūnāre ディス・ユーナーレ（断食を中止する）が語源で、英語の breakfast（fast 断食する）と共通している。lunch は「ハムの薄片」が原義だった。

　fruit はフランス語 fruit（フリュイ）からだが、the fruits of the earth（大地の実り）、the fruits of his hard work（彼の苦労の成果）のようにも用いる。同じラテン語 frūctus フルークトゥスからきたドイツ語 Frucht フルフト、複数 Früchte フリュヒテは「畑の実り、長年の成果」のように用いる。リンゴ、ミカン、ブドウなどの「果実」は Obst オープストという。語源は ob-az オブ・アズ「食事の添え物」が原義だった。ob＝up（cf.over），az＝essen（英語 eat）。

　butcher（肉屋）はフランス語 boucher［ブシェ］からの借用だが、そのもとは bouc ブク「オスヤギ」で、これはドイツ語 Bock ボックからフランス語に入ったものである。「メスヤギ」chèvre シェーヴルは正統なフランス語である。そのラテン語は capra カプラ。イタリアの観光地、青の洞窟で有名なカプリ島は capro（オスヤギ）の複数形からきている。

　kitchen や cook はゲルマン人が大陸にいた時代にラテン語から採用されたらしく、ドイツ語 Küche キュッヘ（台所）、Koch コッホ

（料理人）と同源である。

（16）その他、分類しにくいものを若干あげる。

animal（動物）はフランス語animalからだが、原義はラテン語「anima（息、生命）のあるもの」で、日本語の「いき」「いきもの」の関係に似ている。英語のdeerは動物一般に用いられ、ドイツ語のTier（ティーア）はいまでも「動物」で、Tiergartenティーアガルテンは「動物園」である。英語deerは、その後、「鹿」の意味に限定された。beast（野獣）、feast（祝宴）はフランス語bêteベート、fêteフェートから英語に入ったのだが、英語には古いフランス語の綴り-s-が残っている。

barber（理髪師）はフランス語barbierバルビエから入った。barbe（ヒゲ）にagent（行為者）語尾がついたものだが、いまのフランス語ではcoiffeurコワフールという。ヒゲbarbeは英語beardと同源で、bとdの関係はラテン語verbumウェルブム（ことば、動詞）と英語wordに見られる。ラテン語のbはdhからきた。

cause（原因：引き起こす）はフランス語causerコーゼからきて、becauseにも入っている。このbe-は本来の英語で、beside, behind, below, beneath, belong, beginなどの接頭辞に入っている。becauseは英語＋フランス語の複合語である。becauseは「…の理由で」。beの強調形がbyで、by the river, by the lakesideのように用いる。becauseは最初because that…「…という理由で」のように用いたが、のちにthatが省略された。

ラテン語causa（カウサ）には①「理由、動機」と②「訴訟、訴訟事件」の意味があり、①からフランス語cause コーズ「理由」が、②からフランス語chose ショーズ「物、こと」になった。訴訟で扱われることから、「物、こと」へ意味が変化した。

借金、疑い、歓喜：debt［det］負債、借金、doubt［daut］疑い、疑う、delight［diˊlait］は、それぞれ、フランス語のdette［デット］、doute［ドウト］、古代フランス語deleiter［デレイテ］（ラテン語dēlectāre デーレクターレ）からきている。debt, doubtの場合はラテ

ン語 dēbitum デービトゥム（dēbēre…ねばならない、の過去分詞）。doubt はラテン語 dubitāre 疑う、の b を意識して入れた。delight の場合は light, night の類推で gh を入れた。doubt の中にはラテン語の「2」duo が入っている。「あれかこれか二つのうちのどちらか迷う」ことからだが、ドイツ語の「疑い」Zweifel ツヴァイフェルの中にも zwei ツヴァイ「2」が入っている。

joy（喜び）、leisure（ひま）、pleasure（楽しみ）はフランス語 joie ジョワ、loisir ロワジール、plaisir プレジールより。pleasure は please（喜ばせる）の名詞形である。

French and Latin（フランス語とラテン語）

feat（功績）と fact（事実）はどちらもラテン語 factum ファクトゥム（事実）からきている。なぜその差が生じたかというと、feat はフランス語を通して英語に入ったが、fact（事実）はラテン語から直接入ったからである。feat はフランス語 fait［フェ］から入ったが、fact はラテン語 factum［ファクトゥム］「なされたこと」から入った。語根 fac-（作る）から fac-t, fac-tory, fac-tor, fac-ulty, manu-fac-ture, dif-fic-ult, magni-fy などが作られた。

feat と fact は直前の語源により異なる結果になった。feat はフランス語 fait［フェ］「仕事、事実」からきた。le fait que… 'the fact that…; il a fait 'he has made'. fact はラテン語 factum ファクトゥム「事実」より。ラテン語 -ct- はフランス語で -it- となる。フランス語は -ct- のように子音連続（consonant cluster）を好まないからである。以下、ラテン語は主格（nominative）と対格（accusative）を示す。対格形がロマンス諸語のもとになったからである。参考までにイタリア語も併記する。イタリア語は格変化を失ったが、いろいろの点で、ラテン語とフランス語の中間段階を示すからである。

1. ラ factum なされたこと、事実。エ fact, イ fatto ファット、フ fait フェ、エ feat 偉業

2. ラ lac, 対格 lactem（ラクテム）ミルク＞エ lact-ose 乳糖；イ latte（caffè latte）；フ lait レ（café au lait）

3. ラ nox ノックス，対格 noct-em ノクテム「夜」＞エ noct-urne 小夜曲：イ notte ノッテ（buona notte ブオナ・ノッテ「おやすみ」：フ nuit ニュイ（bonne nuit ボンヌ・ニュイ「おやすみ」。このように出発点は同じだが，借用の時代や借用の経路の相違によって語形が異なるものを doublet（二重語、姉妹語）という。その例を三つほど掲げる。

4. sure＜フ sûr［シュール］確かな＜ラ sēcūrum の -c-［k］が有声化（voiced）し、スペイン語 seguro セグーロとなり、この g が摩擦音［gh］となり、フランス語で消失して sûr となる。同じ音の sur［シュール］「…の上に」はラテン語 super からきている。

5. secure（確保する）＜ラ sēcūrum（ラテン語から直接）

6. survive（生き残る）＜フ survivre シュールヴィーヴル

7. superhuman（超人的）＜ラ super

8. parfait＜フ parfait パルフェ「完全な」。パルフェはアイスクリームにフルーツを載せたお菓子。

9. perfect（完全な）＜ラ perfectum ペルフェクトゥム

Chaucer の時代には parfit, parfet のような形で用いられていたが、人文主義（15 ～ 16 世紀）の時代にラテン語に近い perfect が採用され、今日に至っている。

Chaucer の『カンタベリー物語』（14 世紀）の例：

He was a verrai parfit gentil knight.

［he: was a verrai parfi:t dʒentil kniçt］

彼は真実の、完全な、高貴な騎士であった。

verray は very の語源だが、フランス語 vrai［ヴレ］に近い形を示している。knight はまだ［k］と［h］を発音していた。ドイツ語 Knecht クネヒト（下男）の発音に近い。knight と同じ語源だが、knight の意味が向上した（amelioration of meaning）。

英語 picture と paint もラテン語 pingere ピンゲレ（描く、塗る）の過去分詞 pictus ピクトゥスからだが、picture は pictūra ピクトゥーラ「描くこと、絵画」から、paint はフランス語 peindre パンドル「描

く」からきている。

　フランス語の接尾辞には -able, -age, -ance, -ifier, -ment, -tion があり、これらは agréable, courage, dissonance, fortifier, gouvernement, libération など、単語と一緒に入ってきたものだが、able は独立の形容詞として an able student（有能な学生）、the ablest pianist I know（私の知っている最も有能なピアニスト）などと用いられ、本来の英語にも接尾されて eatable（ラテン語に近い edible のほうが普通）、livable（自動詞に接尾するにはめずらしい）、readable, unbearable（unbearable pain 耐え難い苦痛）, workable plan（実行可能な計画）などと用いられる。furtherance（促進）、hindrance（妨害）、leakage（漏れ）、steerage（操縦）は「英語」＋「フランス語接尾辞」の派生語である。

G

German（ドイツ語）

　ドイツ語は医学・哲学、その他の学術が優れているわりには、借用語は非常に少ない。cobalt コバルト、kindergarten 幼稚園、nickel ニッケル、plunder 略奪する、quartz 石英、seminar セミナー、semester 学期、zeitgeist 時代精神、などを見ると、世界に対するドイツの貢献が十分に代表されていないように思われる。

　plunder は 30 年戦争（1618-1648）の際にドイツから入った。seminar は少人数の学生を対象にした演習である。semester はラテン語 sex-semestris「6 か月の」からきた。日本語でもセメスターとして用いられる。ドイツの大学の授業は冬学期（10 月から 3 月まで）と夏学期（4 月から 9 月まで）の二学期からなる。

　kindergarten（幼稚園）は「こどもたちの庭」の意味だが、ドイツがこの分野の開拓者であることを示している。日本語の「幼稚園」は、あまり適切とはいえない。「幼児園」なら、まだ許せるが。フランス語は jardin d'enfants（子供の庭）という。

　superman（超人）はドイツの哲学者ニーチェ Nietzsche の Übermensch ユーバーメンシュ、ついで Goethe や Herder が用いた用語を George Bernard Shaw が英訳したものである。

Baumkuchen（バウムクーヘン）は「木のお菓子」の意味で、日本では有名だが、英語圏では違う。普通の英語辞典や英和辞典には載っていない。野坂昭如『焼跡の、お菓子の木』DVDにバウムクーヘンが登場する。

grammatical gender（文法性）

古い英語はse fæderセ・フェデル、父、sēo mōdorセーオ・モードル、母、thæt čildセト・チルド、子供、の3つの文法性を区別していた。普通名詞もse mōnaセ・モーナ、the moon（男性）、sēo sunneセーオ・スンネ、太陽、the sun（女性）、thæt rīceセット・リーチェ、王国（中性）のように文法性をもっていた。ドイツ語はいまでもder Vaterデア・ファーター、父、die Mutterディ・ムッター、母、das Kindダス・キント、子供、のように三つの文法性を保っている。フランス語は中性名詞が男性名詞に合流して、男性と女性の二つになった。le pèreル・ペール、父、la mèreラ・メール、母、l'enfantランファン、子供。enfantアンファンの原義は「しゃべれない」not speakingの意味である。enfants terribles（恐るべき子供たち）という映画の表現があった。enfantの英語形infantは幼児、幼児学校の生徒、の意味。文法性は、人間ばかりでなく、物にも区別がある。ドイツ語der Tisch、男性、デア・ティッシュ、机、テーブル、die Tafelディ・ターフェル、女性、板、食卓、das Buchダス・ブーフ、中性、本、das Hausダス・ハウス、中性、家。フランス語le livreル・リーヴル（the book）、la maisonラ・メゾン（the house）。

Greece and Hellas（ギリシアとヘラス）

英語はGreece, ドイツ語はGriechenland, フランス語はGrèceというが、ギリシア人はHellasヘラスという。英語の表現を「他称foreign name」ドイツ語でFremdbezeichnung, ギリシア語の表現を「自称native name」ドイツ語でSelbstbezeichnungという。日本語はNippon, Nihonというが、英語はJapanジャパン、ドイツ語はJapanヤーパン、フランス語はJaponジャポンという。ハンガリー人は自分をマジャール（magyarモジョル）と呼ぶ。ローマ人はギリシアの一

地方の種族Grae-s（複数）をギリシア全体の種族ととらえて、これにイタリア半島に住むOsci, Etrusci, Falisciなどイタリア半島の民族名-ciをつけてGraeciグラエキー（ギリシア人、複数）、国の名をGraeciaグラエキアと呼んだ。ギリシア人は自国をHellasと呼び、Hellenismはここからきている。ついでに、現代ギリシア人はフランスをGallíaガリア、スイスをHelvetíaエルヴェティアと呼ぶ。古代ローマ人もGallia, Helvetiaと呼んだ。

　このような例を7つ掲げる。

1.　Deutschlandドイチュラント、ドイツ。「ドイツの国」の意味。deutschは原義「民衆diotの」で、8世紀に「ラテン語」に対して「民衆のことばtheudisca lingua」の意味で用いられた。英語Germanyは本来、ドイツを含むゲルマン民族全土を指していた。タキトゥス『ゲルマーニア』泉井久之助訳、岩波文庫、1976.「ドイツ」のフランス語Allemagneアルマーニュは南ドイツのアレマン地方Aleman-nen（すべての人）をドイツ全体の意味に用いる。

2.　Euskadiバスク地方。ラテン語綴りはVasconia（Basque）。フランス語綴りはGascogne. v(w) とgの関係は英語warとフランス語guerre, ward と guard, rewardと regard, warrant と guaranteeが参考になる。

3.　Hayastanアルメニア＝Armenia. Hayはアルメニア人。-stanはAf-ghanistanと同じで「国」。

4.　Nippon日本＝Japan＜Ji-pun 日の出るもと。

5.　Sakhartveloサカルトヴェロ、グルジア＝Gruzija, Georgia.

6.　Sqipniaアルバニア＝Albania.

7.　Suomiスオミ、フィンランド＝Finland.

Greek（ギリシア語）。ギリシアというと、歴史と観光の国、そしてワイン色の地中海を思い出す。紀元前4世紀、ギリシア全土とペルシア帝国を征服したマケドニアのアレクサンダー大王、哲学者ソクラテス、プラトン、アリストテレスなど、ローマ以前のヨーロッパの栄光を一身に担っていた。

彼らの言語、ギリシア語（Greek）は、英米人にとって、むずかしかったらしい。そこでIt's all Greek to me.というと、「私にはチンプンカンプンだ」の意味になる（初出はShakespeare）。ギリシア人は「私にとっては中国語だ」ésti gia ména kinézika［エスティ・ヤ・メナ・キネジカ］という。日本語の「チンプンカンプン」は、『広辞苑』によると、長崎で外国人がしゃべることばが、日本人には、このように聞こえたからだという。

「チンプンカンプン」は国によって異なるが、アラビア語かヘブライ語が多い。フランス人は「それは私にとってヘブライ語だ」c'est de l'hébru pour moi［セ・ド・レブルー・プール・モワ］、イタリア人にとっては「アラビア語だ」questo è àrabo per me［クウェスト・エ・アラボ・ペル・メ］、スペイン人にとっては「中国語だ」esto es chino para mi［エスト・エス・チーノ・パラ・ミ］、ロシア人にとっては「シナ文字（漢字）だ」eto dlja menjá kitájskaja grámota［エタ・ドリャ・メニャ・キタイスカヤ・グラモタ］、オランダ人には「ヘブライ語だ」dat is Hebreeuws voor me［ダット・イス・ヘブレーウス・フォール・メ］、フィンランド人も「ヘブライ語だ」se on minulle hepreää［セ・オン・ミヌッレ・ヘプレアー］という。ドイツ人は「ボヘミアの村だ」das sind mir böhmische Dörfer［ダス・ズィント・ミーア・ベーミッシェ・デルファー］という。ボヘミア（チェコ）の村の名はむずかしいからだそうだ。デンマーク人は「純粋なヴォラピュクだ」det er det rene volapyk for mig［デ・エア・デ・レーネ・ヴォラピュク・フォー・マイ］という。Volapükはエスペラントが普及し始める以前に流行した国際語（人工語）で、アンデルセン童話のヴォラピュク語訳（1880年代）もアンデルセン博物館（オーデンセ）にあった。Volapükはドイツの牧師シュライヤー（J.M.Schleyer）が1879年に考案した世界語で、vol（世界，world）a（の）pük（ことば，speak）から作られた。

ギリシア語はtelephone, television, telegram, telexなど、現代文明の中で活躍している。tele（遠い）が便利に用いられているので、「遠

隔操作」はtele-ergとかtele-operationといってもよさそうだが、これはremote controlとラテン語起源の語を用いている。ergは「仕事」で、work, en-erg-yと同根、ラテン語起源の-moteはpro-mote（昇格する）、demote（降格する）、motor, move, motionと同じく、moveō［モウェオー］「動く」、過去分詞mōtusからきている。

　ギリシア語というと、普通は、古典ギリシア語を指す。このギリシア語がむずかしいことは、日本人にとっても同じである。入門書に出てくる規則動詞paideúō［パイデウオー］「教育する」は、現在、未来、未完了過去、完了、アオリスト（単純過去）などの時制、直説法、命令法、接続法、希求法（optative）などの法（mood）、中動態（middle voice）、受動態、それらの人称変化、分詞（7種類あり）、それらの男性、女性、中性、および単数、双数、複数の格変化などを入れて、総計750もの変化形をもつといわれる。さいわい、わが国にも、入門書や辞書が完備しており、学習の便宜は十分にある。

　いま出たpaideúō（教育する）は入門書が用いる模範的な動詞だが、これはpaîs［パイス］（子供、属格paidós）の派生語である。英語pedagogy（教育学）は「子供（paid-）を導くこと（agōgê）」の意味である。encyclopedia（百科事典）は「総合（enkyklo-）教育（paideía）」、kyklo-（輪）はcycle（車輪）の中に生きており、kyklo-はwheelと同根である。

　語源がギリシア語というとき、二つの場合がある。それは古典ギリシア語の時代から存在していたものと、ギリシア語を材料にして近代に造語されたものである。telephoneはギリシア語起源といったが、2300年前、古代ギリシア時代に電話があったわけではなく、television, telegram, telexなどと同様、便利な名称として、ギリシア語を材料に、近代の文明品のために造語したものである。このように、古典ギリシア語の時代からのものと、近代に造語されたものがある（H.A.Hoffman, Everyday Greek. Greek words in English, including scientific terms. Chicago 1929）。

1.　古典ギリシア語の時代から存在していたもの。analysis（分析）,

astronomy（占星術、天文学）, democracy（民主政治）, drama（劇、演劇）, energy（活気、元気、エネルギー；エネルギッシュはドイツ語より）, epic（叙事詩）, geometry（土地測定）, history（歴史）, mathematics（数学）, mythology（伝説を語ること）, mythologist（物語の語り手；＜mythosお話、物語；ラテン語fabula）, organ（道具、楽器；erg-/org-の母音交替で、sing/songの関係に似ている）, philosophy（哲学）, physics（自然）, poetry（詩、詩学；＜poiéō作る、作詩する）, politics（政治；＜pólis都市）, synthesis, thesis, antithesis（総合、正、正反対）, theater（劇場）, theology（神の教え）。

2. 近代にギリシア語から作られたもの。aromatherapy（芳香療法；＜áröma香り）, diachronic, synchronic（言語学の用語で、通時的、共時的）, economy（経済）, ecology（環境；eco-＜oiko-家）, geometry（幾何学；古代は土地測定）, mythology（神話、神話学；mythologist物語の語り手、神話学者）, phonology, morphology, syntax（音論＝文字と発音；語形変化＝形態論；文の構造＝統辞論）, photography（写真、写真術＜phötó-光, graphía書くこと）, telegraph, telepathy, telephone（電信、神経感応、電話）, theology（神学）。

　日本人の言語生活の中にも、ギリシア語は、ちゃんと入り込んでいる。テレビ、テレホン、テレックスはすでに出たが、もう少し並べてみよう（アイウエオ順）。最初にカタカナで掲げ、あとで英語の綴りを書くので、英語で書けるかどうか試してほしい。

　アイデア、アクロバット、アトム、アネモネ、アレルギー、イコン、ウラン、エピローグ、オートマティック、カテゴリー、カルタ、グラフ、クリオ（冷凍血液）、グリコ、コスモス、コーラス、サイクル、サイレン、サーモスタット、シネマ、ジフテリア、システム、ジレンマ、スタジアム、タイプ、デカメロン、テクニック、テーマ、デマ、テレスコープ、ドラマ、ネオン、パニック、パノラマ、ハーモニー、パラグラフ、パンタグラフ、パントマイム、プロローグ、ピテカントロプス、ポリープ、メロドラマ、リューマチ、ユートピア（以上44個）。

この大部分は、書物や新聞やテレビで、ごく普通にお目にかかるものだ。もちろん、その多くは英語などを通して日本に入ってきたものだが、出発点はギリシア語、つまり、言語的材料は古典ギリシア語である。

idea, acrobat, atom, anemone, allergy, icon, uran, epilogue, automatic, category, carta, graph, cryo, glyco, cosmos, chorus, cycle, siren, thermostat, cinema, diphtheria, system, dilemma, stadium, type, decameron, technic, thema, dema（gogy）．telescope, drama, neon, panic, panorama, harmony, paragraph, pantagraph, pantomime, prologue, pithecanthropus, polyp, melodrama, rheumatism, utopia.

　ギリシア語起源の接頭辞・接尾辞のうち、よく用いられるものは否定のa-（a-pathy無感覚），反対のanti-（anti-racism人種差別），-ess, -ism, -istである。

　以上のまとめ。1．ビデオとかアドリブとか、お茶の間にもラテン語が入り込んでいる。ラテン語は西暦紀元前後から中世ヨーロッパの共通の言語だった。2002年1月1日から実施されたヨーロッパ共通の通貨ユーロのように。西暦紀元前1世紀、Caesar, Cicero, Vergiliusを生んだ黄金時代のラテン語は2000年の時空を経て、日本にまで伝わっている。「民の声は神の声 Vox populi vox Dei」は西暦8世紀英国生まれの学者アルクイン Alcuinの言葉であり、「ローマは一日にして成らず Rōma nōn in ūnō diē condita est」はセルバンテスの言葉とされる。ラテン語名句は今日も生きている。

2．ラテン語と並んで、西欧文明の創造者であるギリシア語は哲学・詩学・演劇・政治学の用語を創造し、今日の西欧諸国に伝えている。学術用語（医学を含めて）はギリシア語から作られることが多い。言語学関係も同様である。本書のテーマである語源etymologyもギリシア語である。キケロ Cicero は etymologia を veriloquium とラテン語に訳したが、定着せず、ギリシア語 etymologia がそのまま用いられた。grammar も ars scribendi（書くことの技術）とラテン語に訳せるはずだが、ギリシア語（ars）grammatica が用いられた。ギ

リシア人の言語の研究は「語源」と「文法」であった。

H

Hebrew（ヘブライ語）はアラビア語と同じく、セム語族（Semitic）の言語である。旧約聖書の言語で、聖書関係の用語が多い（新約聖書はギリシア語）。amen アーメン「そうあれかし；So be it!」、cherub（ケルブ；第2階級の天使、複数-im）、jubelee（歓喜；50年ごとに行われるユダヤ教の解放と回復、50年祭）、rabbi 学者（ユダヤの律法学者）、sabbath（安息日；ここからロシア語 subbóta 日曜日）、Satan 悪魔、seraph 六翼天使、九天使の中で最高位；複数-im）。別の「悪魔」devil はギリシア語 diábolos「投げつけられた」より。

I

Indo-European roots（印欧語根の例）

*agro- 畑、野：agri-culture, acre（God's little acre 墓地）

*bher- 運ぶ：ラ ferō, エ bear 生む（子を胎外に運ぶ）

*dem- 建てる：ラ domus 家, ギ dómos 家, エ tim-ber 材木

*dhē- 置く：ギ tí-thē-mi, ラ fa-c-iō, エ do（don 着る, doff 脱ぐ）

*dō- 与える：ギ dí-dō-mi, ラ dō（＞エ donation, donor）

*ed- 食べる：ギ édō, ラ edō, エ eat, edible

*es- 居る：ギ es-tí 'he is', ラ es-t 'he is', エ is, pre-s-ent, ab-s-ent

*gen- 生む：hydro-gen（水を生む、水素）, kin, king

*gnō- 知る：know, can（know how to）, i-gnore, i-gno-rance

*gwenā- 女：gynaeco-logy（gynê, gynaikó-）, queen

*kerd- 心：ラ cord-, エ cord-ial, heart, イ cuore

*kwi-, *kwo- だれ、なに：who, what, which, where, when

*magh- できる：may, might, mechanic, machine

*medhyo- 中央：Medi-terranean, Meso-potamia

*newo- 新しい：ギ néos, ラ novus, エ new, neo-logism

*nu- いま（*newo- の母音 e がゼロの形）：now, ド nun

*pā- 養う：ラ pānis パン（*pā-s-ni）, ポルトガル pão, エ food

*sed- 'sit'：sit, set, settle, nest（巣＜ *ni-sd- 下に坐るところ）

*stā- 立っている：stand, sta-tion, Afghan-istan（アフガンの国）

*to- 指示代名詞：the, this, that, then, there, thus

*wed- 水：wat-er, wint-er（n-infix），ロシア語vod-ka

*weid- 見る、知る：veda（サンスクリット語）知識、ラvid-eō見る、英wit, wot. I wot well where she is ロミオがどこにいるか私はよく知っている（Shakespeare, wot 'know'）

*werg- 仕事：erg-on, en-érg-eia, work, cart-wright 車大工

I

Italian（イタリア語）

　イタリア語はラテン語の話し言葉（spoken Latin）から発達したもので、ローマ市民の言葉からきている。13 ～ 14世紀に登場したダンテ Dante, ペトラルカ Petrarca, ボッカッチョ Boccaccio の三大文豪を生んだフィレンツェ地方のトスカーナ Toscana 方言の出身である。フィレンツェ Firenze は「花咲くところの」というラテン語の現在分詞 flōrēscēns フローレースケーンスからきて「花咲く町」の意味である。英語綴りの Florence はナイチンゲールの名だが、「花咲くような少女」の意味である。

　イタリア語は-o, -aにおわる単語が多い。-oは男性名詞、その複数は-i, 女性名詞は-a, その複数は-eである。

　italiano（イタリア男）

　italiana（イタリア女）

　romani（ローマの男たち）

　romane（ローマの女たち）以上は形容詞の名詞化である。

　日本でもおなじみの食品名 risotto リゾット（小さなオコメ）は男性名詞、lasagna（ラザーニャ）は女性名詞、spaghetti スパゲッティは男性複数。

　イタリア人の姓は Leopardi, Medici, Mussolini, Verdi のように-iに終わるものが多い。これは男性複数語尾で「…家の人々」の意味である。i Medici（メディチ）は il medico（医者、アクセントはme に）の複数で、固有名詞としては芸術家の後援者として有名である。il

85

は男性名詞の定冠詞、iはその複数である。

　イタリア語からの借用語は美術、音楽、文学、金融に関するものが多い。イタリア語の特徴を失って、語尾がお化粧を受けて、英語らしい形になっているものもある。

　alarm（警報）、bank（銀行）、bankrupt（破産者）、balcony（バルコニー）、canto（詩の篇）、concerto（コンチェルト、協奏曲）、corridor（廊下）、cupola（キューポラ、溶鉱炉）、dilettante（アマチュア芸術家）、duel（決闘）、extravaganza（豪華な催し）、finale（フィナーレ、終曲）、florin（フロリン、英国の旧2シリング銀貨）、fresco（フレスコ画）、fugue（フーガ、遁走曲）、influenza（インフルエンザ）、madrigal（叙情短詩）、motto（モットー、標語）、opera（オペラ）、parasol（日傘）、piano（ピアノ）、sonata（ソナタ、奏鳴曲）、sonnet（ソネット、14行詩）、stanza（スタンザ、詩の節）、umbrella（傘）、volcano（火山）。

　alarm（警報）はall'arme!（武器をとれ）。all'は前置詞a＋定冠詞le（女性複数）＝a＋le＝alle. この場合、llが重複するのはイタリア語の特徴でrafforzamentoラッフォルツァメント（子音強化）と呼ばれる。

　bank（銀行）の原義は「台」で、benchと同源。台の上でお金の取引をしたところから、「勘定台」「銀行」の意味になった。bankruptcy（破産）はbanca rotta（壊された勘定台）からきて、債権者が「金を返せ！」と勘定台をぶっ壊したことに由来する。

　duel（決闘）は「2」が語源。ラテン語bellum（戦争）は*dwellum（2者のもの）からきている。

　florinフロリンは「小さな花fiorina」の花模様からきている。ハンガリー通貨forintフォリント、もここからきている。

　fugue（フーゲ）はフランス語的な綴りだが、fugaフーガの複数で、日本語でも「恋のフーガ」（ザ・ピーナッツ）があった。Amanti in fugaアマンティ・イン・フーガ（逃げる恋人たち）というイタリア映画があった。

opera は opera musica（オペラ・ムージカ：音楽作品）が原義。

parasol は para（…に向かって）＋ sole（太陽）＝太陽をさえぎるもの、である。

piano は最初 piano-forte「弱い・強い」といったが、19世紀に piano「弱い」に短縮し、ピアノ全体を表すようになった。pianissimo は「とても弱い」である。

umbrella は「小さな影 umbra」。イタリア語は ombra（影）、ombro（傘）で、語頭の om- は俗ラテン語の形である。

J

Jack and Betty

1945年、第二次世界大戦で日本が戦争に負けたとき、英語教育が急務になった。中学校で英語が必須科目となり、その教科書が Jack and Betty だった。日本の「太郎と花子」にあたる。太郎は、まるまる太った元気な男の子に育ちますように、花子は、花のような美しい娘に育ちますように、という両親の願いが込められている。

Jack は Johannes ヨハネスの愛称、Betty は Elizabeth エリザベスの愛称である。Johannes も Elizabeth も聖書に出てくる名前で、ヨハネスはキリストの12人の使徒（apostles）の1人で、洗礼者ヨハネ（John the Baptist）と呼ばれ、エリザベスはヨハネの母である。ヨハネはヘブライ語で「神は慈悲深い」、エリザベスは、やはりヘブライ語で「わが神は誓えり」の意味である。

聖書といえば、一番有名なのはイエスとマリアだが、これもヘブライ語からきている。

1. ジャックとベティ。章題のジャックとベティにもどるが、ポピュラーな名前であるから、別形も多い。Johannes の英語形は John で、その愛称は Johnny, Jonny, Jack, Jacky, Jackie などがある。John Bull ジョン・ブルは典型的なイングランド人を指すが、これは18世紀の風刺詩の主人公の名で、雄牛（bull）のような実直で強情な農夫の姿をしている。一方、典型的なアメリカ人は Uncle Sam といい、政治マンガでは、やせて背が高く、あごひげを生やして、星と

縞模様のついたシルクハットをかぶり、燕尾（えんび）服と赤白の縞（しま）のズボンをはいている。Uncle Sam は the United States の U.S. をもじった名である。

　John はヨーロッパで広く好まれる名で、ドイツでは Johann ヨーハン、Hannes, Hans, オランダでは Hanno, Hanko, Jan ヤン, Jens イェンス、イギリスのウェールズ地方では Evan、アイルランドでは Sean ショーン、Shane シェーン、Shawn ショーン、フランスでは Jean ジャン、スペインでは Juan フアンとなる。Don Juan ドンフアンは女たらしの代名詞になっているが、Don は Dominus 主人、紳士からきている。ポルトガル語では João ジョアン、ジョアンウとなり、João Rodríguez ロドリゲス（1561-1634）はポルトガルの宣教師で、『ロドリゲス日本文典』（3巻、1604-1608, 長崎）の著者として有名である。ポルトガル語特有の ão の綴りは pão パン, botão ボタンに見える。そういえば、東ティモールの大統領グスマンは Gusmão と綴る。その他、イタリアでは Giovanni ジョヴァンニ、ロシアでは Ivan イワンとなる。トルストイの民話『イワンの馬鹿』は悪魔と無欲な農夫イワンの知恵比べだが、悪魔が負ける話である。ポーランドではヤン、チェコでは Jan ヤン, Janek ヤネク, Janko ヤンコ（-ek, -ko は愛称）、ハンガリーでは János ヤーノシュ, フィンランドでは Juhani ユハニ, ギリシアでは Jannis ヤニスとなる。

　Betty は Elizabeth の愛称だが、ほかに Bess, Beth, Elsie, Liz などがあり、Betty の -y は Andy（< Andrew）、Tony（< Anthony）、baby（< babe）と同様、愛称語尾である。エリザベスといえば故女王エリザベス2世（1926-2022, 即位 1952）を思い出すが、エリザベス1世（1533-1603）も著名だ。イングランドとアイルランドの女王で生涯独身だったので、処女女王 Virgin Queen と呼ばれた。エリザベス女王時代（the Elizabethan Age, 1558-1603）は作家 Shakespeare, Spencer, Marlowe, 哲学者 Bacon を生み、建築、芸術、音楽、海外進出、重商主義で、英国史上、光栄ある時代だった。

　Elizabeth の名はヨーロッパ各地で好まれ、ドイツでは Elisabeth エ

リーザベト、その愛称も Elisa, Elise エリーゼ, Elsa, Else, Elsi, Lise リーゼ, Ella, Elli, Bettina ベッティーナ、など、多様である。フランスでの愛称は Lisette リゼット、Babette バベット。ロシア語では Elizaveta エリザヴェータ（b が v となる）、愛称は Liza リーザで、ロシア史にはエリザヴェータ女帝（1709-1762）の名が残る。彼女はロシア史の近代化、西欧化を行ったピョートル大帝（Peter the Great, 1672-1725）の娘で、フランス文学と文化のパトロンであった。話はリーザに戻る。

　カラムジンの「あわれなリーザ」（1792）。リーザは花売り娘だった。スズランを 5 カペイカで売っていた。青年が、いくら、と尋ねると、5 カペイカです。それは安すぎる。1 ルーブルで買うよ。しかし、彼女はどうしても受け取らなかったので、彼は 5 カペイカを渡して花を受け取った。5 円と 100 円のちがいである。リーザは家に帰って、母に出来ごとを話した。母は、それはよいことをしたね、と言った。ある日、青年がリーザの家を訪ねた。母がお名前はなんていうのかしら、とたずねると、エラストという者です。エラストは貴族だった。リーザとエラストは結婚をする約束をした。しかし彼は賭けごとに失敗し、全財産を失ってしまった。生活をまもるために、年配の未亡人と結婚した。それを知って、リーザは水の中に飛び込んで自殺してしまった。エラストは彼女の死を知って、自分が殺人者であることを悟った。彼は生涯、不幸の連続だった。ニコライ・カラムジン（1766-1826）はモスクワの貴族宿舎学校に学んだのち、ドイツ、フランス、イギリスに旅行した。帰国後、アレクサンドル帝によって歴史編纂官に任命され、『ロシヤ国史』11 巻を執筆したが、最後の 12 巻は完成を見ずに終わった。除村吉太郎訳（世界文学全集、ロシヤ古典篇、解説金子幸彦、河出書房 1954）。

Japanese（日本語が世界へ）

　日本語は英語に、そして英語を通して世界に、どんな単語を提供したか。日本文化特有の geisha, haiku, ikebana, judo, kimono, koto, mikado, sake, sakura, samisen, sumo, sushi は、早くに英語に入った。

『オックスフォード英語辞典』第2版（The Oxford English Dictionary. 2nd edition, 1989, 20 vols.）およびAdditions, vol.1, 1993, vol.2, 1993, vol.3, 1997 には日本語からの借用語389語が採録されている。次の72個はフランスのプチラルース辞典（2003）にも載っている。aikido, aucuba（アオキ、アオキモザイク病）、bonsai, bonze, bunraku, bushido, daimio, dan（段）、dojo（道場）、futon（布団）、gagaku, geisha, gingko, go（碁）、harakiri, hiragana, ikebana, Jomon（縄文）、joruri（浄瑠璃）、judo, jujitsu, kabuki, kakemono, kaki, kamikaze, kana, kanji, karate, kata（形）、katakana, kendo（剣道）、kimono, koto（琴）、kyudo（弓道）、makimono, Mikado, mousmé, mousmée（フランスの作家 Pierre Loti が1887年「茶屋の娘」としてフランス語に採り入れた）、moxa, netsuke, nô, obi, origami, ricksha, ronin（浪人）、rotenone（ロテノン、化学用語、1924）、saké, samurai, sashimi, satori, sen（銭）、seppuku, shiatsu（指圧）、shiitake, Shinto, shogun, shogunat, sodoku（鼠毒）、sumo, sushi, surimi, tatami, tofu, torii, tsuba（鍔）、tsunami, yakuza, Yedo（Edo）, yen, Yokohama（地名）、zaibatsu, Zen.

　最近のものにHonda, karaoke, nurumayu（1990年代、日本の経済はヌルマ湯につかっている、とニューヨークの新聞にあった）、otaku, Sony, yakuza, Zengakuren がある。1992年、カナダのケベックシティでの学会（国際言語学者会議International Congress of Linguists）のとき、テキサス大学のProf.Garland Cannon が、800人の参加者の前で、次の発言を行った。「walkman は日本発、アメリカ経由で全世界を駆け巡った。この言語的材料は英語だが、語源は日本語だ。日本語は英語やドイツ語のように、複合語が発達している」と。食堂で親しくお話をする機会があり、karoshi（過労死）を知っているか、と尋ねたところ、すぐにdeath from overwork という解答が戻ってきた。日本に帰国後 Prof. Cannon, The Japanese Contributions to the English Language（Wiesbaden, Otto Harrassowitz, 1999）を贈られた。1425語の日本語からの借用語を初出、英語での定義、語源とともに掲げている。

以上をまとめると、1. 貿易、巡礼、新天地への植民、文学鑑賞から、英語は種々の語彙を採り入れた。英語は外国語の受容に寛大である。2. ワイン、ビール、ウィスキー、お茶、コーヒーなどの嗜好品は、品物と一緒に、単語も国境を越えて、急速に広まる。これをドイツ語で Wörter und Sachen ヴェルター・ウント・ザッヘン「語と物」という。sushi, vodka など。食品や料理関係は国籍が多様である。3. このような文明語彙は民族の生活の歴史を語る。

L

Latin（ラテン語）

　ラテン語とギリシア語は印欧語族の中の優等生である。その理由は古くから文献が豊富に伝えられ、ヨーロッパの歴史に、また、比較言語学の研究に豊富な材料を提供するからである。しかし、ラテン語とギリシア語は、語彙の点で、異なる場合が、意外に多い。フランスの言語学者アントワーヌ・メイエ（Antoine Meillet, 1866-1936）は言う。ギリシア語の形態論（morphology）は印欧語（Indo-European）だが、語彙（vocabulary）はギリシア語以前の言語（エーゲ語 Aegean、ペラスギ語 Pelasgian）だ。「私は愛する」の1人称単数の語尾は、ともに -ō（ラ am-ō、ギ philé-ō）だが、「愛」の部分がラテン語 am-、ギリシア語 phil- のように異なる。その例を7つほど掲げる。

「書く」ラ scrībō：英語 de-scribe, script, manu-script

　　　　ギ gráphō：tele-graph, gram-mar（graph-ma）

「兄弟」ラ frāter：英語 frater-nity, frater-nal

　　　　ギ adelphós：Phil-adelphia（兄弟愛）

「土地」ラ terra：英語 terri-tory, terra-ce, terra-cotta

　　　　ギ gê：geo-graphy, George ＜ ge-ōrgós 土地を耕す者、農夫

「言葉」ラ verbum：英語 verb-al, pro-verb

　　　　ギ lógos：log-ic, philo-logy（love of language）

「言語」ラ lingua：英語 lingui-stics, multi-lingual

　　　　ギ glôtta（Attic），glôssa（Ionic）：poly-glot, gloss-ary

「海」ラ mare：英語 mar-ine, mer-maid（海の乙女）
　　　　ギ thálassa：英語 thalasso-therapy 海洋療法
「町、都市」ラ oppidum, urbs（ローマ）：英語 oppidan, sub-urbs
　　　　ギ pólis：metro-polis, poli-ce, pol-ite

　中学英語800語の中に見えるギリシア語起源の単語は idea, pro-gram, television の3語である。television の tele はギリシア語、vision はラテン語である。このような「混血児 half-blood」は beautiful に見られる。beauti はフランス語（beauté）、ful は英語だから。

　テレビもビデオも20世紀の生んだ文明の利器である。television はギリシア語 tēle（遠くに）＋ラテン語 vision（見ること）、video はラテン語「見る」である。われわれの生活を潤している発明品のいかに多くが、ラテン語やギリシア語に由来していることか。ラテン語は2000年、ギリシア語は3000年の歴史をもっているが、ともにヨーロッパ文明の創造者である。

　tēle（テーレ）はギリシア語で「遠くに」の意味の副詞であることから、telephone は「遠くへ送る声、電話」、telegram は「遠くへ送る文字、電報」になった。television は「遠くのものを見ること」なのだが、「ギリシア語」＋「ラテン語」になっている。このような混種語 hybrid は英語や日本語にもあり、めずらしいことではない。beauti-ful「美に満ちた、美しい」はフランス語＋英語だし、「脱サラ」「ハコネスク」（箱根風：新宿駅発小田原行き特急電車）は「日本語＋英語」、「サラ金」は「英語＋日本語」である。

　現代ギリシア語では「テレビ」のことを tēleórasē［ティレオラシ］という。ラテン語 vision は órasē［オラシ］と訳されている。órasē（または órasis）「見ること」は pan-orama「全景」に見え、語尾 -sis は analysis（分析）、synthesis（総合）、catharsis（解放）に見える。

　video［ウィデオー］はラテン語で 'I see' の意味だが、ビデオというときの -o は audio（音の再生）と同じ名詞語尾をもっている。au-dio-visual というときの -o- は複合語を作るときの母音である。

ラテン語（Latin）はローマ近郊のラティウム（Latium）という一地方の言語であったが、紀元前1世紀にキケロー、カエサル、ウェルギリウスのような作家が出て、ラテン文学の黄金時代を築いた。ローマ帝国の拡大とともに、ラテン語は西暦1世紀には全ヨーロッパの共通語になったが、476年、西ローマ帝国の崩壊によって、ラテン語は話し言葉としては用いられなくなり、その代わりにロマンス諸語（Romance languages）が徐々に発達した。ロマンス語とは「ローマに発することば」のことで、イタリア語がラテン語に最も近い。ロマンスの語源はRōmānicē［ローマーニケー］「ローマふうに」である。「ロマンス諸語」はドイツ語ではromanische Sprachen, フランス語では les langues romanes, イタリア語では le lingue romanze という。

　ラテン語 videō（見る）と audiō（聞く）の現在人称変化を記す。

1.　videō ウィデオー；audiō アウディオー
2.　vidēs ウィデース；audīs アウディース
3.　videt ウィデット；audit アウディット
4.　vidēmus ウィデームス：；audīmus アウディームス
5.　vidētis ウィデーティス；audītis アウディーティス
6.　vident ウィデント；audiunt アウディウント

　ラテン語の読み方は、ローマ字どおりにすればよい。1字1音主義である。c［ク］v［ウ］au［アウ］ae［アエ］。母音の長短は意味を区別するので、重要だ。

　rosa［ロサ］バラの花は

　rosā［ロサー］バラの花で（飾る）

　venit［ウェニット］彼は来る

　vēnit［ウェーニット］彼は来た

　ラテン語の動詞は、ほかに、未完了過去（imperfectum）、完了（perfectum）、過去完了（plusquamperfectum）、未来（futurum）、未来完了（futurum exactum）。以上の直説法、命令法、分詞なども変化するので、その数は非常に多い。ラテン語は1つの動詞が137（分

詞の性・数・格の変化も含めれば223）も変化する。ギリシア語は750も（うろ覚えだが）。筆者が厚木高校1年のとき、体育の先生がギリシア語は250も変化するんだよ、と教えてくれた。

　ラテン語やギリシア語の動詞は直説法現在1人称単数（videō, audiō）が辞書の見出し語になる。

　videō（見る）という見出し語の次にvidēre, vīdī, vīsusの4つの形が出ている。vidēreは不定詞（infinitive）、vīdīは直説法完了1人称単数、vīsusは過去分詞で、この4つから、すべての変化形が導き出される。

　過去分詞vīsus［ウィースス］の語幹vīs-からvision, visible, visa（査証、「見た、入ってよい」）が、audiō（聞く）からaudience（聴衆）、audition（a hearing to test a performer），auditorium（講堂）がきている。

　ラテン語に一番近いイタリア語の「見る」の現在変化を掲げる。

1.　vedo［ヴェード］　　　4.　vediamo［ヴェヂアーモ］

2.　vedi［ヴェーディ］　　5.　vedete［ヴェデーテ］

3.　vede［ヴェーデ］　　　6.　vedono［ヴェードノ］

　イタリア語になると、文字は同じだが、vの発音が［w］から［v］に変わっている。

　ラテン語の名詞は6つの格（case）がある。単数と複数にそれぞれ6つあるが、ここでは単数だけを掲げる。

1.　主格（nominative）dominus［ドミヌス］主人は

2.　属格（genitive）dominī［ドミニー］主人の

3.　与格（dative）dominō［ドミノー］主人に

4.　対格（accusative）dominum［ドミヌム］主人を

5.　奪格（ablative）dominō［ドミノー］主人から

6.　呼格（vocative）domine［ドミネ］主人よ

　dominus（主人）はdomus［ドムス］「家」の派生語で、本来「家の主人、家主」であったが、キリスト教の時代になって、大文字Dominusと書いて「われらの主なるイエス・キリスト」を意味するようになった。

Anno Domini［アンノー・ドミニー］英語でin the year of Our Lord, 略してA.D. は「西暦」。2013 A.D. のように記す。annoはannus（年）の奪格で 'in the year' の意味。ラテン語は定冠詞も不定冠詞もない。annusからannual（年の）、annals（年代記）、anniversary（年がめぐってくること、記念日）、biannual（年2回の）。似ているがbiennial（2年に1回の）、イタリア語biennale（ビエンナーレ）は2年に1回のヴェネツィア国際美術展を指す。紀元前は英語Before Christ（B.C.）を用いる。

　ポーランドのノーベル賞作家Henryk Sienkiewicz（シェンキェーヴィチ）のQuo vadis, Domine?［クオー・ワーディス・ドミネ］（1895）「主よ、汝はいずこへ行くや」は日本語訳もそのまま『クオ・ワディス』となっている（木村彰一訳、岩波文庫）。使徒ペテロがイエスに対して言う言葉である。皇帝ネロはローマに火を放ち炎上せしめたのだが、この火災をキリスト教徒に転嫁しようとした。シエンキェーヴィチは、この史実を用いて、祖国ポーランドへのロシアの圧制に負けぬようポーランド国民を激励した。このvadis［ワーディス］「君は行く」は不定詞vadere［ワーデレ］で、英語wade（浅瀬を渡る）と同じ語源である。フランス語je vais ジュ・ヴェ, tu vas テュ・ヴァ, il va イル・ヴァ 'I go, you go, he goes' はラテン語vādō, vādis, vādit からきている。dominusは「家の主人」。

　domus（家）は語根*dem-（建てる）からきて「建てられたもの」の意味である。ドイツ語Dom［ドーム］は「大寺院」、ロシア語dom ドームは、普通に「家」。ロシア語domój ダモイ「家へ」は1950年ごろ、シベリアに抑留された日本人兵士が「ダモイ、祖国へ！」と叫び、その映画も製作された。ラテン語domus（家）は英語domain, dominion, domination, dominant（支配的）, domestic などの語源になったが、イタリア語やスペイン語には残らず、「家」はcasa カサが用いられ、地名Casablanca（カサブランカ）は「白い家」、Casa Blanca と書けばスペイン語で「ホワイト・ハウス」の意味になる。フランス語の「家」はmaison［メゾン］で、語源はラテン語

mansio［マンシオー］（滞在）から「滞在するところ、家」となり、英語に入って mansion（邸宅）となった。日本語のマンションは「アパート」の意味である。

　ラテン語が今でも成句的に用いられるものを少しあげる。

　ad lib（アドリブ）は ad libitum［アド・リビトゥム］「ご随意に」。ad hoc［アド・ホク］「アドホック、このために、この目的のために」。アドホック委員会は専門委員会。この ad は前置詞で 'to' の意味。ad Romam［アド・ローマム］「ローマへ」のように用いられ、英語では ad- が接頭辞として ad-vice（助言）、ab-breviate（短縮する）、accent（ad-canto より；歌に合わせる）、affix（接辞）、ag-gressive（攻撃的）、al-lude（ほのめかす）、an-nex（合併する）、ap-pear（現れる）、ar-rive（到着する）、as-similation（同化）、at-tract（ひきつける）など活躍している。ad- の d は次の子音に同化（assimilation ＜ ad-similis 類似のものに）して、b, c, f, g, l, n, p, r, s, t などに変わる。

　arrive（到着する）のような基本的な単語がフランス語起源であることは、フランス語の影響がいかに大きかったかを語っている。Old English の「到着する」は becuman［ベクマン］と言った。be- は「かたわらに」cf. *beside*. cuman は「来る」。ドイツ語の「到着する」は ankommen［アンコメン］オランダ語 aankommen［アーンコメ］も「かたわらに来る」から「到着する」の意味になった。

　alias［アリアース］「別名」。alibi［アリビー］「アリバイ：事件のとき、別の場所にいました」。al-「他の」alter「他の」（alternative）。-bi は場所の接尾辞。ibi そこに, ubi どこに。ubīque 'everywhere' から ubiquitous「遍在的」。

　Alma Mater［アルマ・マーテル］母校、養ってくれた母。alma の al- は alimentation（滋養）に見える。

　ars longa, vita brevis［アルス・ロンガ、ウィータ・ブレウィス］芸術は長く、人生は短い。ギリシアの医者ヒッポクラテース Hippokratēs の言葉だが、ギリシア語よりもラテン語のほうが有名だ。vita から vital（生命にかかわる、重要な）、vitamin が、brevis（短い）

から brevity（Brevity is the soul of wit. 簡潔は機知の魂），abridge, ab-breviation がきている。

aurea mediocritas［アウレア・メディオクリタース］黄金の中庸。ローマの詩人ホラティウス Horatius の言葉。人は金持ちすぎもせず、貧しすぎもせず、ちょうど中ぐらいがよい。忙しすぎもせず、ひますぎもしない、ちょうど中ぐらいがよい。aurea は aureus（金の）の女性形。aurum アウルム（金）はイタリア語 oro, スペイン語 oro, フランス語 or のように au が o になった。

cogito ergo sum［コーギトー・エルゴー・スム］われ思う、ゆえにわれあり。デカルト（Descartes）の有名な言葉。Descartes（1596-1650）は村の名 Les Cartes からきて「レ・カルト村の」の意味。「デカルトの」という形容詞は Cartesian という。デカルトは23歳のとき、30年戦争に志願して従軍し、南ドイツの町ウルム（Ulm）郊外の宿で思索しながら「われ思う、ゆえにわれあり」の悟りに至り、それが『方法序説 Discours de la méthode, 1637』の名著になった。

cum laude［クム・ラウデ］称賛をもって。博士論文の成績で優。summa cum laude「最優秀」、magna cum laude「優秀」。laude は laus「称賛」の奪格。英語 laud, applaud, applause の語源。

curriculum vitae［クルリクルム・ウィータエ］人生行路、履歴書。原義は running of life（人生を走ること）。ドイツ語の履歴書 Lebens-lauf レーベンス・ラウフは「人生の走行」の意味。英語の履歴書は personal history（個人の歴史）という。curro［クルロー］（走る）の現在分詞 currens［クルレーンス］'running' から current（通用する），currency（通貨），current topics（今日の問題）のように用いられる。

ecce homo［エッケ・ホモ］（ヨハネ伝 14-5）。この人（十字架にかけられたイエス・キリスト）を見よ。英語は Behold the Man !
ecce は *ed-ce 'this here' より。

errare humanum est［エラーレ・フーマーヌム・エスト］過ちを犯すのは人間的である、人の常である。Hieronymus（ヒエロニュムス，

St.Jerome, 340-420 ごろ）の言葉。バルカン半島ダルマチア（Dalmatia）の聖人で、聖書の翻訳と注釈を行った。humanum は humanus（人間の）の中性形で、homo の形容詞。human, humanity. errare から err, error.

et cetera［エト・ケーテラ］'and other things'. cetera は ceterus（他の）の中性複数。agendum（なさるべきこと、議題）の複数が agenda.

ex libris［エクス・リブリース］'from the books of'（…の蔵書より）日本語では「蔵書票」という。

ex Oriente lux［エクス・オリエンテ・ルークス］光は東方より。ギリシア人にとって「光は東方より」来た。ローマ人にとっても光は東方から来た。太陽はすべての人にとって東から来る。oriens［オリエンース］（東、東洋）は ori-（昇る）の現在分詞。Orient は英語の形。Occident（西洋）はラテン語 occidens［オッキデンース］「太陽が没するところの」という現在分詞より。origin（起源）は ori- と同じ語源。ラテン語 lux［ルークス］（光）、英語 light, ドイツ語 Licht［リヒト］（光）、フランス語 lune［リュヌ］（月）、ラテン語 luna［ルーナ］（月）、イタリア語 lumine［ルミネ］（光）などすべて語根 *leuk-（光）より。

homo faber［ホモ・ファベル］人間は鍛冶屋。人間は創造者、芸術家である。Fabre, Favre, Faure は英語の Smith にあたる。同様に homo ludens［ホモ・ルーデーンス］（遊ぶ人間）はオランダの歴史家 Huizinga（ホイジンガ）の作品名で、日本語訳も『ホモ・ルーデンス』となっている。遊ぶ者としての人間、人間は本来、遊びを好む、の意味である。-ens は現在分詞の語尾で、homo movens［ホモ・モウェーンス］（動く人間）のように用いる。人は、よりよい生活を求めて移動（移住）する。homo sapiens［ホモ・サピエンス］は「理性（分別）ある人間、人類」の意味である。sapio 'I know' は日本の週刊誌の名「サピオ」になっている。ラテン語の意味は「味がわかる」だったが、そこからきたイタリア語 sapere［サペーレ］、スペイン語 saber［サベール］、フランス語 savoir［サヴォワール］

は単に「知る」の意味になった。英語sapid（風味のある）やsavor（味）に古い意味が残っている。

nihil ex nihilo［ニヒル・エクス・ニヒロー］'nothing from nothing'（Boethius）「無からは何も生じない」。ローマの政治家で哲学者ボエティウス（480-524ごろ）は、獄中、ギリシアの哲学、とくにアリストテレスに慰みを見出し、『哲学の慰み』（De Consolatione Philosophiae）を書いた。畠中尚志訳、岩波文庫、がある。

Pax vobiscum !［パークス・ウォービースクム］（ルカ伝、24-36）平和が汝らとともにあれ。pax「平和」はpeace, Pacificの語源。vobisウォービスはvosウォース（汝ら）の奪格（ablative）。cumクム「ともに」with.

requiescat in pace［レクイエースカット・イン・パーケ］「安らかに眠れ」（R.I.P.と略す）。墓碑銘。

sic［シーク］（かくのごとく）。誤植などで「そのまま」の意味。sicのフランス語si（そんなに）はC'est si bon!［セ・シ・ボン］（なんてすてきな）筆者の住む所沢市の喫茶店の名「雪詩慕雲」1990年。

vademecum［ワデー・メー・クム］'Go with me' 私を携えよ、は「必携書」の意味である。vade［ワデー］（行け）英語のwadeと同根。mecum［メークム］（私と一緒に）、tecum［テークム］（君と一緒に）nobiscum［ノービースクム］（われらと一緒に）。前置詞cumは接頭辞になって、英語で活躍している。co-operation, co-education, compete など。

vēnī, vīdī, vīcī［ウェーニー、ウィーディー、ウィーキー］（私は来た、私は見た、私は勝った）はCaesarの言葉。ルビコン川（イタリアとガリアの国境にある小さな川）を渡り、イタリアへ進軍したカエサルは、政敵ポンペイウスをエジプトまで追撃し、倒した。

vox populi vox Dei［ウォークス・ポプリー・ウォークス・デイー］（民の声は神の声、天声人語）。vocal, voice, vowel, people, publish などの語源。

ラテン語の復活（revival of Latin）。ラテン語は文章の言葉として

は2000年も生きてきた。これが話し言葉としてよみがえることができるだろうか。『夏目漱石とジャパノロジー伝説』の著者、倉田保雄氏（共同通信パリ支局長、NHK「視点・論点」コメンテーター）によると、フィンランド放送局（FBC）は1990年ごろから毎週5分間ラテン語のニュースを流している。Nuntii Latini（ラテン語ニュース）という。「湾岸戦争」はbellum sinus Persici［ベッルム・シヌス・ペルシキー］、「ペレストロイカ」はinmutatio［インムターティオー］（変化）、「サッカー」はpedifollium［ペディフォッリウム］、「同時多発テロ」はaggressio terrorista ad Novam Jorcam［アッグレッシオー・テッロリスティカ・アド・ノワム・ヨルカム］などの新造ラテン語が出現した。（EC統合とラテン語ルネッサンス『日本経済新聞』1992年10月11日）。学会名Societas Linguistica Europaea（ヨーロッパ言語学会）は1966年創立、本部ドイツのKielとオーストリアWien。ECやEUもラテン語で言えばCommunitas Europaea, Unio Europaeaとなり、どの国でも理解してもらえる。referendum（国民投票）などラテン語そのもので、ラテン語referre 'refer'（後ろに戻す、国民に戻す）の未来受動分詞で「国民に戻されるべきもの、民意を問うべきもの」の意味である。語尾-endumはagendum（なさるべきこと、論じらるべきこと、議題）に見える。agendumはago（行う、遂行する）の未来受動分詞で、propagandaプロパガンダは（伝えらるべきこと、広めらるべきこと）の複数形。

　ヨーロッパ統合が日々進んでいるが、「ラテン語をEU言語にせよ」という声さえ上がってきているそうだ。

　「あなたはラテン語を話しますか、ラテン語での現代会話」などという本が出ている。原著は、Sprechen Sie Lateinisch? Moderne Konversation in lateinischer Sprache. といい、第16版まで出ている（Bonn, 1990）。これに日本語訳があり、『現代ラテン語会話』（大学書林, 1993）となっていて、「カペラーヌス先生の楽しいラテン語会話教室」という。著者Capellanusはペンネームで、ドイツのギムナジウムの教授だった。Gymnasiumはドイツの中学校・高等学校

を合わせたもので、英語で grammar school という。

Latin in textbooks（中学の英語教科書に見えるラテン語）

中学英語の教科書 800 語に見られるラテン語起源の単語は次の 14 語である。ラテン語といったが、借用の直前がフランス語であるものもある。

act, animal, family, gesture, percent, picture, priest, school, sense, silent, state, street, student, unite.

act はラテン語 ago アゴー、の過去分詞 actus アークトゥス（行われたこと、行為）からきている。フランス語からきた場合は noct-（夜）が nuit ニュイ、のように -ct- が -it- になる。nocturn（夜の）、には -ct- が保たれている。

animal の -al は、本来、形容詞語尾で、national, natural, cultural, structural など応用が広い。よく似た bridal は「花嫁の」ではなく、Old English の bryd-ealu ブリュード・エアル（bride-ale）、花嫁のビール、結婚式、である。

gesture は future, adventure, picture などと同じ語尾をもっている。この -ture はラテン語 -turus（未来分詞の語尾）からきて、gesture は gero ゲロー（行動する）の語根 ges- に -turus がついたもので、（なさるべきところの、なさるべきこと）that which is to be done の意味である。future は（これからあるべきこと）、adventure は（これから来るだろうこと、冒険）、picture は（描かれるべきこと、描くこと、絵画）（写真）の意味になった。

percent はラテン語 per centum ペル・ケントゥム（100 について）が 1 語になったものである。ラテン語 centum から century, cent（1 ドルの 100 分の 1）、centennial（百周年＜annus 年）がきた。「千年紀」を millennium というので、「百年記、世紀」を centennium と言ってもよさそうなものだが、そうではなく、century と言っている。これが言語は「一筋縄」では行かないところだ。ドイツ語は 10 年紀、100 年紀、1000 年紀を Jahrzehnt ヤールツェーント、Jahrhundert ヤールフンダート、Jahrtausend ヤールタウゼント、と言って、すべて

Jahrヤール「年」が共通に見られるので、英語 decade, century, millennium にくらべて整合性が高い。

　school はラテン語 schola スコラからだが、そのもとはギリシア語 skholē スコレー「ひま」からきている。school はイタリア語からアイスランド語、ロシア語、フィンランド語、ハンガリー語にいたるまで、ヨーロッパに広く伝播した文明語である。フィンランドにはスウェーデンから入ったのだが、フィンランド語は語頭に2個の子音を許さないので、koulu コウル、という。ハンガリー語も語頭に2個の子音を許さないので、前に母音を置いて iskola イシュコラという（s はシュ）。ハンガリー語で s 音は sz と綴る。száz サーズ「百」。

　sense（感覚、意味）はラテン語 sentire センティーレ（感じる）からきて、sentiment, sentimental の語源である。sixth sense（第六感）、in a sense（ある意味で）などと用いる。

　silent（沈黙の）はラテン語 silere シレーレ（沈黙する）の現在分詞で、-ent は student, permanent, president にも見える。学生、長くもつ、パーマ前に立っている人、議長、学長、大統領、に見える。

　state は stare スターレ、立っている、の名詞形で、「状態」から「国家」の意味になった。「国家」という概念は比較的新しく、昔は imperium Romanum インペリウム・ローマーヌム（ローマ帝国）と言った。ラテン語 status スタトゥス、はフランス語で état エタ、となり、coup d'état クーデターは「国家打倒」の熟語で世界中に有名だ。the United States はフランス語で les États-Unis レ・ゼタ・ジュニと言う。status は日本語でも「マンションと自家用車は平均的サラリーマンのステータスだ」などと言っている。

　street（舗装道路）はラテン語 via strāta（舗装された道路）の名詞が省略された形である。ローマ人は建設、建築術に優れていた。via ウイア「道」の奪格（ablative）viā（道を通って）は via Siberia シベリア経由、などと前置詞的に用いられる。

　unite（一つにする）は unit, union, uniform と同様、ラテン語 ūnus ウーヌス「1」からきている。unite と同じ意味の unify はフランス語

unifierユニフィエ（＜ラテン語uni-fic-are）からで、magni-fy（拡大する）、terri-fy（恐怖におとしいれる）の-fyである。uni-fic-areの-fic-はdif-fic-ultに見られ、ラテン語fac-ereのfacファクの母音が弱くなった形である。

中学英語800語の中に見えるギリシア語起源の単語はidea, pro-gram, televisionの3語である。

idea（考え、概念）は語根*wid-（*weid-, *woid-, *wid- 知る）からきている。この語根に由来するラテン語videoウィデオー（不定詞vidēre）は「見る」の意味で、その過去分詞vīsusウィースス（＜vid-tus）、名詞visioウィシオー「見ること」からvision, televisionがきている。語根*wid-から英語wit, wiseが、語根*woid-からゴート語waitワイト「私は知っている」、英語wot（古語）「知っている」（Shakespeare, I wot well where she is）がきている。

programの接頭辞pro-は「前に」の意味で、problem（前に投げること、問題）、prophet（前に言う人、予言者）に見える。gram-はgram-ma（文字）だが、現代ギリシア語の意味は「手紙」＜graph-maグラブフマ（書くこと）、grammar（書くことの技術、文法）＜ギリシア語gráphōグラブホー「書く」。

televisionはギリシア語tēleテーレ「遠くに」にラテン語からのvi-sionが組み合わさったものである。英語beauti-fulが「フランス語＋英語」であるように、「ギリシア語＋ラテン語」の混種語（hybrid word）である。ギリシア語tēle「遠くに」からtelephone, telegram, telescope（望遠鏡）が作られた。

中学英語800語の中のノルド語起源はdie, happen, husband, sky, take, want, windowの7語で、これはNordic wordsの項で述べる。

Latin loanwords in English（英語の中のラテン語：三つの時期）

英語におけるラテン語借用用語は三つの時代に分けられる。

1. アングロサクソン人がイングランド侵入を始める西暦5世紀以前に、大陸にいた時代に、ラテン語から入ったもの。ラstrāta（via）舗装された（道路）→英street

2. アングロサクソン人の改宗（6世紀末）以後。キリスト教文明の語彙。alms, disciple, mass, noon.

3. 人文主義（humanism）の時代（15・16世紀）。literature, museum, student, university.

　以下、順番に主要な借用語をあげる。

1. cheap（原義：商売）はラテン語caupo［カウポー］「商人、酒屋の主人、酒屋」からドイツ語kaufen［カウフェン］は「酒を買う、品物を買う」の意味から、一般的に「買う」の意味になった。デンマーク語købe［ケーベ］「買う」Copenhagenの語源（商人の港）。ロシア語にも借用されてkupít'［クピーチ］「買う」となった。「買う」の英語は早くからbuyを用いていたので、名詞形「商売」が借用され、chapman（商人）は人名にもなり、cheap（商売に向く、安い）に続いている。

　cheese（チーズ）はラテン語caseus［カーセウス］から英語cheese, ドイツ語Käse［ケーゼ］、オランダ語kaas［カース］、スペイン語queso［ケソ］、ポルトガル語queijo［ケージュ］に借用された。フランス語の「チーズ」はfromage［フロマージュ］、イタリア語はformaggio［フォルマッジョ］で、caseus formaticus「型にはまったチーズ」の形容詞の部分が残った。

　church（教会）はギリシア語kyriakón dôma「主の家」のdôma「家」が省略された。ゲルマン語は女性形で借用したので、ドイツ語はKirche［キルヒェ］となる。フランス語の「教会」église［エグリーズ］のラテン語ecclesia［エックレシア］はギリシア語ek-klēsíā［エックレーシアー］「集会」より。

2. キリスト教文明が英国にもたらされるのは597年以後で、Canterbury, York, Durham, Lindisfarneなどに教会が建てられ、学問の普及が行われた。ノルマン人の英国征服（1066）まで、ラテン語の影響は教会関係ばかりでなく、生活の全般にわたった。

　almighty（全能の）はラテン語omnipotensを訳したもので、「神」の形容語（epithet）に用いる。omni-はomnibus「すべての人のため

の」（乗合自動車）に見える。-busはラテン語複数与格の語尾である。potent（影響力のある）、impotent（不能の）はラテン語pot-（できる）の現在分詞。potential（潜在能力）。

creed（信条）はラテン語credo［クレードー］「信じる」より。credit（信用、出典明示、クレジット）。

gospel（福音書）。イエス・キリストの教えを述べたもので、新約聖書のうちのマタイ、マルコ、ルカ、ヨハネ伝を四福音書（tetra-evangelium）と言う。ギリシア語euaggélion［エウアンゲリオン］、そのラテン語訳bona nuntiatio, bonus nuntius（よい知らせ）を古代英語godspelに訳したもの。god 'good', spel 'news'.

mass（ミサ）はラテン語missa（解散）より。ite, misa est.［イーテ・ミッサ・エスト］みなさん、去りなさい、解散です、礼拝は終わりました。この中のmissa（mitto送る、過去分詞、女性形）が残ったもの。missionは「送ること、宣教師を送ること」で、一般的に「使命」。私の使命は、あなたに伝えることです。

minister（牧師）。「大臣」の意味は17世紀より。ラテン語minister「より小さな者、神のしもべ」。その反対はmagister（より大なる者）で「師匠」の意味。

noon（昼）はラテン語nona hora［ノーナ・ホーラ］「第9時」日の出から数えて第9時 ninth hour. ドイツ語の「昼」はMittag［ミッターク］（mit-tag）、フランス語はmidi［ミディ］（mi-di「1日の真ん中」）。ラテン語meri-diesはmedi-dies 'mid-day' より。ante-meridiem（略a.m.）'before noon', post-meridiem（略p.m.）'after noon'.

pear（ナシ）はラテン語pirus［ピルス］ナシの木、pirum［ピルム］ナシの実。ここからフランス語poire［ポワール］、ドイツ語Birne［ビルネ］もラテン語からの借用語。

pound（ポンド、貨幣単位）はラテン語pondo［ポンドー］「重さにおいて」、￡（Lに横棒）はラテン語libra（秤、はかり）の頭文字の大文字で、イタリアやトルコの通貨単位lira（リラ）の語源。

3. はフランス語を経由して英語に入ってきたのか、ラテン語から

直接、英語に入ってきたのか、判断がむずかしい場合がある。literature（文学）の語源はラテン語litterātūra（littera文字；複数litterae手紙）だが、フランス語littéture［リテラテュール］とも考えられる。ドイツ語はLiteratur［リテラトゥーア］だが、19世紀まではLitteratur（tが二つ）と書かれていた。museumのように-umに終わるのはラテン語で中性名詞だが、そのもとはギリシア語mouseîon［ムーセイオン］「芸術の女神ムーサたちの神殿」である。peninsula（半島）はラテン語paene（ほとんど）＋insula（島）。ドイツ語はHalbinsel［ハルプ・インゼル］'half-island'と言う。ラテン語の二重母音aeはeになる（paene->pen-）。

　　university（大学）はフランス語université［ユニヴェルシテ］かラテン語universitās［ウニウェルシタース］か。語源辞典にはフランス語からとある。ドイツ語の「辞書」Wörterbuch［ヴェルターブーフ］は「単語の本」、オランダ語woordenboek［ウォールデンブーク］、スウェーデン語ordbok［ウードブーク］、フィンランド語sanakirja［サナキルヤ］もドイツ語の表現を模倣したものである。Jacob Grimmによると、ドイツ語よりもオランダ語のほうが早くに用いられた。

　　verb, adjective, adverbはギリシア語の品詞名rhêmaレーマ, epítheton エピテトン, epírrhêma エピルレーマ、をラテン語に訳したverbum, adjectivum, adverbiumからきている。品詞名はラテン語だが、文法用語grammar, phonology, morphology, syntaxはギリシア語起源を用いる。

M

monosyllable（単音節語、一音節語）が多いことが英語の特徴である。例はone-syllable wordの項をご覧ください。単音節語は同音異義語（homonym）が多く、聞き取りの障害になることが多い。son息子とsun太陽, knight騎士とnight夜, oarボートのオールとore鉱石, hair髪とhareウサギ, die死ぬとdye染める, sow種を蒔くとsew縫う, rain雨とreign支配（する）。sound音、sound健全な、sound探

る、のように同音同綴りだが、意味が異なる場合もある。

　単語が短くなったために、名詞が動詞に用いられることも英語の大きな特徴である。loveが愛と愛する、nameが名前と名付ける、bookが本と予約する。orbit軌道、動詞に用いてorbit a spaceship宇宙船を軌道に乗せる。chauffeur（ショウファー）はお抱え運転手の意味だが、He is chauffeured to his office every morning. 彼は毎朝自分のお抱え運転手で事務所に通勤している、のように言う。この -eur はフランス語の特徴である。coiffeurコワフールは理髪師だが、その女性はcoiffeuseコワフーズという。ch-をシュと読むのもフランス語である。chair椅子はフランス語でchaiseシェーズという（古くはチェーズ）。He helped to bridge the spiritual gap between East and West. 彼は東西の精神的相違の橋渡しをすることに貢献した。Prime Minister airs views. 首相がテレビで見解を述べる。tonight's program, featuring structural reform構造改革を特集した今晩の番組、など、英字新聞を見ると、例がたくさん見つかる。have a drink, have a hair-cut, have a look, take a bath, take a nap, take a walk なども好まれる表現だ。

N

names of noted persons（著名人の名前）

　著名人の名前を15ほどあげて、その語源を見る。

1.　Adenauer, Konrad アデナウアー（1876-1967）ドイツ連邦共和国（旧西ドイツ）の首相（1949-1963）。第二次世界大戦後の困難な時代を4期つとめた。Adenau（Rheinland地方の川の名）出身の人。auは「川」。Konradコンラートは「大胆な忠告者」。ナチスのために廃墟と化したドイツをアメリカの援助を受けながら、奇跡的な復興を成し遂げ、国際的地位を向上させた。その経済相エアハルトLudwig Erhart（1897-1977, 西ドイツ首相1963-1966）の市場経済政策は経済の奇跡（Wirtschaftswunderヴィルトシャフツヴンダー）と讃えられた。アデナウアーは親米・反共主義で、フランスおよび他の西欧諸国と協調政策を推進した。

2. Blair, Tony（ブレア, 1953-）。英国首相（1997-2007）。1997年総選挙で労働党が400議席を超す大勝利を収め、43歳という20世紀最年少で首相に選出された。blairはblareのスコットランド形と辞書にあり、先祖は「ラッパ吹き」の職業名からと思われる。TonyはAnthonyの短縮形で、ローマの古い家系である。

3. Bush, George（ブッシュ）は父と息子でアメリカ合衆国第41代（1989-1993）と第43代（2001-2009）の大統領だった。Bush, Busch, Bosch, Bosは「茂み、灌木、森」の意味。Georgeはギリシア語で「農夫」、語源はge-ōrgós（gē畑, org-働く, workも同じ語源）。ギリシア語起源の名前はIreneイレーヌ（平和）、Margaretマーガレット（真珠）、Peterピーター（岩山）など、有名なものが多い。第41代大統領George Bushは1989年10月マルタ島でソ連のゴルバチョフ書記長との会談で東西冷戦（cold war, ロシア語kholódnaja vojná）が解消した。

4. Chirac, Jacques（シラク, 1932-2019）パリ市長を経てフランスの大統領。大の相撲ファンで、40回以上も来日した大の親日家。Chiracは地名Cheiracum（ガリア人名Cariusより）。JacquesはJacob, James. Jacquesの-sはGeorgesジョルジュの-sと同じく、古いフランス語の主格語尾（filsフィス「息子」の-s；「娘」はfilleフィーユ）。

5. Churchill, Sir Winston（チャーチル, 1874-1965）英国首相（1940-1945, 1951-1955）。語源はchurch-hill教会丘；WinstonはWins-town（Wineという人の町）。wineは「ワイン」と同じ綴り字だが「友人」の意味もある。Edwinは'rich friend'の意味。称号sirはラテン語senior（sen-'old'の比較級）「目上の人、年長者」。イタリア語signoreシニョーレ、スペイン語señorセニョールで、Mr.の意味。第二次世界大戦中、ルーズベルトやスターリンと緊密な連絡を保ち、政治・戦争の両面において強力な指導力を発揮し（対ドイツの）、連合国側の勝利に貢献した。20世紀の英国を代表する政治家であると同時に、文筆家としても第一級で、『第二次世界大戦The Second World War』1948-1954で1953年度ノーベル文学賞を得た。

6. Cleopatra（前69 – 前30）クレオパトラ7世（在位前51 – 前30）。エジプトのプトレマイオス朝最後の女王。ギリシア語kleó-patros（有名な父をもつところの）の女性形kleopátrā（アクセントの位置が変わる）。アレクサンダー大王を生んだマケドニア系の王家の出身。美貌・才知・教養を備えた婦人で、ギリシア語、エジプト語はもちろん、近隣諸国の言語を解し、外交使節としても、通訳なしに対応したと伝えられる。エジプトを征服したカエサルと恋愛関係に陥り、男子カイサリオン（カエサルの子供の意味）を生んだ。カエサルはローマに凱旋（がいせん）したあと、彼女はローマのカエサル邸宅に迎えられた。前44年カエサルが暗殺されると、エジプトに帰り、カイサリオンを共同統治者とした。前42年、カエサルの部下だったアントニウスは小アジアのタルソス（Tarsus）でクレオパトラに出会い、その美貌に魅せられた。2人の間に男女の双生児が生まれた。カエサルの甥（おい）オクタウィアヌスとの戦いに敗れ、アントニウスはアレクサンドリアで自殺した。オクタウィアヌスは、のちにローマ皇帝となり、アウグストス（Augustus, 尊帝）と呼ばれた。カエサルとアントニウスという2人のローマの将軍を魅了したクレオパトラはローマ人から「ナイルの魔女」と呼ばれた。「もしクレオパトラの鼻がもう少し低かったら、世界の歴史は変わっていただろう」とフランスの哲学者パスカルが言った。Pascalは復活祭（pâques）に生まれた、の意味である。パスカルは「人間は一本の葦（あし）に過ぎない、自然の中で最もか弱いものである。しかし、それは考える葦である」L'homme n'est qu'un roseau, le plus faible de la nature; mais c'est un roseau pensant（Pascal, Les Pensées, vi.347）；man is only a reed, the feeblest thing of nature；but it is a thinking reed.

7. Clinton, Bill（クリントン, 1946-）アメリカ合衆国第42代大統領（1993-2001）。Clinton は clint-town（岸壁の町）。-ton は Milton や Washington にも見える。Bill は William の愛称である。15歳のとき、ケネディ大統領と握手し、政治家を志した。エール（Yale）大学時

代に知り合って結婚したヒラリー夫人（1947-）は全米弁護士上位100人に名を連ねるほど有能な弁護士として活躍。2008年以後Obama政権下で国務長官（Secretary of State）として活躍。

8. De Gaulle（ドゴール、1890-1970）フランス大統領（1959-1969）。フラマン語（ベルギー）で 'the wall' の意味。「城壁、城壁の人」。de は定冠詞；g- は英語の w- にあたり、英語の war がフランス語に借用され guerre ゲールとなる。戦後、日本でアプレゲール（après-guerre 'after war'）というカタカナ語が流行した。Charles はドイツ名 Karl, 古代ノルド語 karl（自由民）からきた。-s は古いフランス語に残る主格語尾で Georges, Jacques に残る。作家 George Sand ジュルジュ・サンドは女性なので、-s がない。ドゴールはパリの国際空港の名になっている。米英と異なり、共産圏への接近、英国の EEC（ヨーロッパ経済共同体）加盟拒否、中国承認、アメリカのベトナム介入反対など、フランス独自の外交路線を追求した。この政策の底流にあるのはヤルタ体制（米ソ両国による世界の共同支配体制）の拒否であった。

9. Gorbachev, Mikhail Sergejevič（1931-2022, ゴルバチョフ：ev の e の上にアクセントがあり、ё と表記されて、ヨと発音される）ゴルバチョフ家の息子セルゲイの息子ミハイルの意味。1985年、沈滞していたソ連の政局に新風を吹き込んだ最高指導者（書記長 1985-1991, 大統領 1990-1991）。1990年ノーベル平和賞。gorbach は「セムシ、猫背の人」の意味で、先祖にそのような人がいたと思われる。ライサ夫人を伴って（夫婦同伴で）外国を訪問したのはソ連はじまって以来の事件だった。ニューヨークの国連会場に夫婦で登場したときアメリカ人は拍手と喝采を送った。知性と気品をそなえた夫人は常に夫に同伴し、欧米に親しまれ、自伝『鉄道員の娘からファーストレディへ』（桜井良子訳）に描かれているが、1999年、欧米旅行からの帰途、ドイツのミュンスター Münster 病院で、白血病（leukemia）のため亡くなった。夫人の名 Raisa Maksimovna Gorbachëva（旧姓 Titolenko, -ko はウクライナ人に多い）家の Maksim の

娘（-evna, -ovna）Raisa（ヘブライ語で 'rose'）の意味である。夫婦で1992年来日し、広島と長崎を訪れた。2005年11月13日（日）14:15-16:15「ミハイル・ゴルバチョフ元大統領と若者との集い」という講演会が学習院大学創立百年記念会館で行われ、1500名の会場が満員であった。同時通訳者は読売新聞モスクワ支局長の娘吉岡ユキさんだった。ゴルバチョフが2022年9月に91歳で亡くなったとき、モスクワ市民はソ連をぶっこわした人、としか言わなかったが、1990年、アメリカのマクドナルドがモスクワに開店したとき、モスクワの市民たちは、老若男女、焼肉とコーラを楽しんだではないか。Gorbachevは孫娘3人に50万ドルずつを贈った。家を買いなさい、と。

10. Kennedy, John F.（ケネディ, 1917-1963）。アメリカ合衆国第35代大統領（1961-1963）。イスラエル擁護青年の銃弾に倒れた。語源はアイルランド語でprotector of head（頭を保護する物、頭巾か、はげ頭を隠すものか、A.Cherpillodの人名語源辞典による）。Johnはヘブライ語Johannesより。第二次世界大戦前夜のヨーロッパを視察して卒業論文「イギリスはなぜ眠ってしまったか」にまとめ、ベストセラーになった。1960年、清新な候補として「ニューフロンティア」のスローガンを掲げ、43歳というアメリカ史上最年少の大統領となった。しかし、人種問題の改善や中国との国交回復などの懸案を抱えたまま、わずか3年の在任で、テキサス州ダラスで、暗殺者の凶弾に倒れた。

11. Kohl, Helmut（ヘルムート・コール 1930-2017）。ドイツ連邦共和国Bundesrepublik Deutschland第6代首相（1982-1998）。1989年11月ベルリンの壁崩壊、1990年10月東西両ドイツ再統一がゴルバチョフ、シェワルナゼ、ブッシュらの努力により達成された。Kohlは「キャベツ、キャベツ頭」の意味（あだ名、先祖がそう呼ばれた）。

12. Merkel , Angela（メルケル, 1954-）2005-2021ドイツ初の女性首相。東西ドイツ統一後の多難な時代に、ヨーロッパ経済の牽引役と

して長い間ごくろうさまでした。MerkelはMarkward（国境の守備者）Angelaは天使。Mark「国境、国」cf. Denmark（デーン人の国）wardは「保護者」（guardianと同じ語源）。Leipzigで物理学を学び、量子化学で理学博士。学生時代、ロシア語が流暢で賞をもらった。夫君は同じ専門の大学教授。Kohl首相の子飼いの政治家。

13. Reagan, Ronald（レーガン, 1911-2004）。アメリカ合衆国第40代大統領（1981-1989）。Reaganはアイルランド語で「小さな王の子孫」（righ王、ラ rēx ＜ rēg-s）。Ronald, Reynald, Reginald, Reinhold「神（regin, ノルド語）の助言を守る者」。ハリウッドの俳優出身。強く豊かなアメリカをうたい、対ソ強硬路線を唱えた。

14. Thatcher, Margaret（サッチャー, 1925-2013）。英国史上最初の女性首相（1979-1990）。古風な正統保守主義と反左翼社会主義を掲げ「鉄の女」の異名をとる。thatch（わらぶき屋根、ドイツ語Dachダッハ「屋根」）の職人、の意味。Margaretはギリシア語で「真珠」。

15. Washington, George（ワシントン, 1732-1799）。アメリカ合衆国初代の大統領（1789-1797）。建国の父と敬われ、日本でも桜の木のエピソードで知られた（木を切ったのはボクです）。Washingtonは*Wassa（ワッサ）の名の一族。（*アステリスクは不明のしるし）。-ingは「…の一族」。-tonはtownの弱い形。Milton ＜ Middle-town. Georgeはギリシア語で「農夫」。

　以上をまとめると、1. 単語と同様に、人名にも語源（起源）がある。木村（木のある村の人）、川村（川のそばの村の人）。

2. 欧米のfamily nameには4つのタイプがあり、ロシアのように個人名・父称・姓の三つからなる名もある。

names（structure of）人名の構造→structure of personal names

names of the months（月の名）

　月（moon）は古くから時を測る手段であった。moonもmonthも同じ語根からきている。印欧語根*mē-は「測定する」measureの意味だった。月は満月（full moon）から満月まで30日か31日かかる。古代人は月が時を測定する神であると考えていた。

アンデルセンの童話『駅馬車で来た12人』（1861）は12の月の物語である。大晦日（おおみそか）の夜、12時になると、カーンカーンと鐘が鳴りました。すると、町の門のそとに大きな馬車がキューッと止まりました。お客は12人で満員でした。門番が言いました。みなさん、パスポートを見せていただきますよ。最初に出てきたのはクマの毛皮を着て、雪長靴をはいた大柄の1月、それから謝肉祭や、いろいろのお祭りを担当する2月…それから美しい婦人もいました。それは6月でした…

　12の月の物語としては、ソ連の児童作家サムイル・マルシャーク Samuil Jakovlevič Maršak（1887-1964）の『森は生きている』（湯浅芳子訳、岩波少年文庫, 1953）のほうが有名だ。原題は Dvenadcat' mesjacev ドゥヴェナーツァチ・メーシャツェフ（12の月 'twelve months', 1945）といい、同じ題のスロベニア民話をもとにしている。大晦日（おおみそか）の吹雪の夜、みなしごアーニャは継母（ままはは）の命令で、森の中にイチゴを探しに出かけた。こんな季節にイチゴなんかあるはずがない。アーニャが必死になって森の中を行くと、前方に明かりが見えた。12人の神さまが焚（た）き火にあたっていた。1月の神さまは白髪の老人で、一番高い席に座っていた。アーニャがイチゴを探しに来ました、と言うと、1月の神さまが言った。「兄弟たちよ、この娘のために、1時間だけ、2月、3月、4月の到来を早めて、見せてあげよう。」4月の神さまは若く、美しい青年だった。彼が笏（しゃく, scepter）を岩の上から振ると、緑の大地が現れ、イチゴが咲き出た。さあ、早く摘んで家にお帰り、と彼は言って、彼女にブルーの指輪を与えた（これは原作では4月の神さまからアーニャへの婚約指輪になっている）…。

　古いローマの時代には、1月は3月から始まり、2月で終わっていた。2月は1年のよごれを清める月（month of purification）だったので、mensis Februaris（清めの月）と呼ばれた。ラテン語 februare は「清める」の意味である。7月は Quinctilis クインクティーリス（第5月、quinque「5」）、8月は Sextilis セクスティーリス（第6月、sex

「6」）というように2か月ずれた。

　しかし、ユリウス・カエサルの時代に、年の開始が1月になり、1月はJanuariusヤヌアーリウス（mensis月が省略されている）と呼ばれるようになった。ヤヌスJanusは顔を前と後にもち（顔が新年と旧年にむいていた）、事業の開始をつかさどり、門の守護神であった。Janusの語根*i-（行く）はラテン語eō 'I go', サンスクリット語 yā-ti 'he goes, ロシア語iti, ittiに見え、語根yā-は英語janitor（門番）にも見える。2月は上記のようにFebruarius, 3月はMartius（戦いの月、Marsの月）。4月Aprilis（花開く月）はaperireアペリーレ（開く）の語根を含み、フランス語でouvrirウーヴリールとなる。5月Maius（成長の女神Maia）は語根*mag-大きい、magnusラテン語「大きい」、major, Mahatma（Gandhi）に見える。6月Juno（女神ユーノー、ユピテルの妻）、7月は上記のQuinctilis（第5月）、8月Sextilis（第6月）、9月September（＜septem7）、10月October（＜octo 8, cf.octopus 8本足、タコ）、11月November（＜novem 9），December（＜decem 10）. 以上がヨーロッパ諸語に共通の月名になった。ポーランド語、チェコ語、リトアニア語は旧称を用いる。ポーランド語とチェコ語は11月をlisto-padリストパト「落葉」の月という（list葉, pad落ちる）。

　カエサル（100-44 B.C.）はエジプトを征服して、クレオパトラを知った（そして恋に落ちた）のだが、そのとき、エジプトのすぐれた暦（こよみ）の制度を知り、ローマにこの暦法を導入した。エジプト人は古代からナイル川の氾濫に悩まされていたので、1年を氾濫期、種蒔期、収穫期に分けていた。天空で最も明るい恒星シリウスから1年が365.25日であることを知り、4年に1度を366日の日とした。紀元前238年にエジプトのプトレマイオス3世は閏（うるう）年（leap year, ド Schaltjahr, フ année bissextile, ラ annus intercalaris）の制度を布告した。カエサルは王でも皇帝でもなかったが、アレクサンダー大王にも比すべき将軍であった。しかし、ローマ再建計画の最中、これに反対する一団に暗殺された。彼の死後、その名

をとって7月をJuliusの月（7月12日生まれ）とし、Julyとなった。彼の甥のOctavianusオクタウィアーヌスがローマ帝国の最初の皇帝になったが、その命令でCaesarとCleopatraの息子カイサリオンKaisarionが暗殺された。ラテン語の二重母音 ae はギリシア語で ai となる。ギリシア語綴りアテーナイ Athenai はラテン語綴りで Athenae となる。Kaisarionの-ionはギリシア語の指小辞（diminutive）で、bíblos ビブロス（本）の指小形が biblíon ビブリオン（小さな本）がBible（聖書）になった。

　カエサルの後を継いだオクタウィアーヌスは、ローマの領土を拡大するよりも、内乱を防（ふせ）ぎ、国内の平和と秩序に努めたので、人民から「尊敬すべき Augustus」の称号を与えられ、Augustus皇帝と呼ばれ、8月をAugustusの月として、その名を永遠にとどめた。augus-tus, ama-tus 愛された, Chris-tus 聖油を塗られた、のように -tus は過去分詞の語尾である。

　ラテン語Caesarはドイツ語Kaiser（皇帝）となり、ロシア語car'ツァーリ（皇帝）ともなって、これも名を永遠にとどめることになった。フランス語では「皇帝」をempereurアンプルールといい、英語はそこから借用したemperorを用いる。派生語imperativeは文法用語「命令法」の意味である。

native words and foreign words（在来語と外来語）

　同じ「仕事」でも、workは在来語だが、laborは外来語である。言語は内在的（immanent）にも発達するが、外部からの新しい要素を得て、さらに力強く発展する。日本語「教えて育てる」が漢語で「教育する」になった。英語の「教育」educationは（子供のよいところを）引き出す（ラテン語ex-dūcō）の意味である。

　英語は本来のゲルマン語に、フランス語、ラテン語、ギリシア語、そしてヴァイキング時代（600-1000年）にデンマーク語（ノルド語、北欧語）から単語や文法形式を借用して今日にいたっている。英語は外国語の受容（reception）に非常に寛大であった。日本語のカタカナ語といい勝負である。

英語のworkとlaborは上記に掲げたが、シェークスピアにLove's Labour's Lost（恋の骨折り損）にラテン語laborが登場する。laborはlaboratory（実験室、原義は仕事場）でおなじみだ。

　helpがあるのにfirst aid（応急処置）という。aidはフランス語aiderエデ（助ける）からきている。語源はラテン語ad-juvareアド・ユワーレで、juvareだけでも「助ける」の意味がある。ad-は「…に」の意味である（ad Rōmamローマへ）。

　「言論の自由」にfreedom of speechとliberty of speechがあり、freedomは本来の英語だが、libertyはフランス語からきた。「自由の女神像」はStatue of Libertyである。ニューヨーク港の入り口にあり、アメリカ建国100周年を記念してフランスから贈られた。libertyの形容詞「自由な」のフランス語libreリーブル、は英語に入らず、英語本来のfreeを用いる。「深い」は英語deepとフランス語からのprofoundがあり、a deep lake「深い湖」とはいうが、a profound lakeとはいわない。「深い知識」はdeep knowledgeよりもprofound knowledgeを用いる。profoundのフランス語profondプロフォン、の基本部分はfond（底）で、英語fund（基金）やfound（基礎を築く）の語源になっている。

　speech（ことば）とlanguage（言語）も使い分けがある。前者は英語で、parts of speech（品詞）とはいうが、parts of languageとはいわない。partはフランス語起源である。

　houseは英語だが、mansionやresidence（邸宅、官邸）のように高級な住居はフランス語起源である。一方、Houses of Parliament（イギリスの国会議事堂）のような使い方もある。

　「首都」はTokyo is the capital of Japanのように用いるが、このcapitalはcapital cityの省略形である。フランス語でもParis est la capitale de la France.（パリはフランスの首都である）というが、このcapitaleはville capitale 'capital city' の省略形である。ドイツ語はBerlin ist die Hauptstadt Deutschlands（ベルリンはドイツの首都である）の首都Hauptstadtハウプトシュタットを省略してHauptとはいわな

い。作家 Robert Louis Stevenson（1850-1894）に Edinburgh is the head city of a kingdom. とある。capital（頭の）はラテン語 caput の形容詞 capitalis カピターリスから来ている。capital は「おもなお金」から「資本」の意味にもなる。chief（おもな）もフランス語からきているが、フランス語 chef シェフ、は料理長の意味で、日本でもおなじみだ。ラテン語の ca- はフランス語で cha- シャ、che シュ、となる。例：ラテン語 camera カメラ＞フ chambre シャンブル「部屋」。ラテン語 cantio カンティオー、歌うこと＞フランス語 chanson シャンソン。いまのフランス語は ch- をシュと発音するが、むかしはチュと発音した。この時代に英語に入った chamber 部屋、chant 歌、聖歌、enchant 魅惑する、は昔の発音［チュ］を保っている。

house の Old English の綴りは hūs フースだが、Middle English は hus と house があった。Chaucer では hous となっている。ū を ou と綴るのはフランス語を模倣したものである。hus だとヒュスと発音されるおそれがあった。

Nordic place names（ノルド語起源の地名）

ノルド語 <u>bekk</u> は「小川」の意味で、人名 Steinbeck は「石川」にあたる。stein 'stone', beck 'small river'. 作曲家 Bach バッハも「小川」である。Birkbeck（白樺の川）、Gosbeck（goose-beck ガチョウの川）、Sandbeck（砂浜の川）。

ノルド語 <u>by</u> ビューは「村」「町」の意味で、Appleby, Ashby, Derby, Formby, Kirkby, Rugby, Selby, Spilby, Whitby は、それぞれ、リンゴの町、トネリコの町、鹿（deer）の町、古い町（forn 'old', あるいは人名 Forni の町）、教会の町（kirk はスコットランド方言）、Hroca（人名）の町、柳の町（古代英語 salh 柳）、Hviti（人名、「白い」人、白髪の人、英語 white）の町、の意味である。この by ビューはデンマーク・スウェーデン・ノルウェー語に共通だが、スウェーデン語では「村」の意味になる。スウェーデン語の「町」は stad スタードという（ドイツ語 Stadt シュタット）。by は動詞 bo ブー「住む」や英語 be と同根で、「人のいる場所、人の住む所」が原義である。

-dal, -dale は「谷」で、ドイツ語 Neanderthal ネアンデルタールが有名だ。英語の dale は、いまは詩語で、普通はフランス語からきた valley を用いる。地名としては英国の北部に多い。Borrowdale 城川（＜ borgar-á,）の borg は Edinburgh, Peterborough にある。á は「川」、ゴート語 ahwa, ラテン語 aqua（水）。Dalham 谷のある村（ham, hamlet 小さな村, home）、Doverdale（Dover の谷）、Grindale（緑の谷）、Kendal（Kent 川の谷）、Kirkdale（教会谷）、Langdale（長い谷）など。

　-holm, -holme は「島」「川のある牧場」の意味。Stockholm は「材木 stock の島」の意味で、山で切り倒された材木が川に乗って流れ、河口に材木の島ができたので、この名がついた。英国では湖水地方（Lake District）への乗換駅 Oxenholme（牡牛の牧場）、Arkholme（羊飼小屋のある牧場）がある。

　-thorp, -thorpe（村；ドイツ語 Dorf, Düsseldorf, Düssel は川の名）の地名は、ほとんどが、Danelaw（デンマーク人居住地）に見られる。Copmanthorpe（商人の村）、Grassthorpe（草の豊かな村）、Souldrop（峡谷農場の村）、Springthorpe（泉の村）、Thorpland（村のある土地）、Throphill（村のある丘）、Woodthorpe（森の中の村）など。上掲の Düsseldorf は、いまでは大学もある大都市だが、「村」の名が残っている。『アルプスの少女ハイジ』の村マイエンフェルト Maienfeld のあるデルフリ村 Dörfli は「小さな村」の意味である。-li は wienerli（ウィーンの小さなソーセージ）の指小辞である。英語の「村」は、その後、フランス語からきた village を用いるようになった。village は villa（別荘、田舎家）の集合名詞である。前出の「商人」copman は chapman「商人」と同じで、ドイツ語の Kaufmann（商人）にあたる。cop, chap は cheap と同じ語源で、「商売、売買」の意味から「安い」の意味になった。フランス語 à bon marché ア・ボン・マルシェ「よい商売で」が「安い」の意味になった。ドイツ語 Kauf カウフ「販売」を動詞にすると、kaufen カウフェン「買う」、verkaufen フエルカウフェン「売る」となる。

　-thwait 開墾地、牧場。ノルド語 thveit スヴェイト（女性名詞）は

Jan de Vriesの『古代ノルド語語源辞典』に独立の語としてではなく、地名に、とあり、Geir T. Zoëga（ソエガ）の『簡約古代アイスランド語・英語辞典』には見出し語にも載っていない。『デンマーク地名辞典』（Bengt Jørgensen, Copenhagen, 1994）には掲載あり。Applethwaite リンゴ畑、Armathwait 隠者の開墾地、arma 'hermit'，Cowperthwaite（商人の開墾地，coup, cowp 商売する；ドイツ語 kaufen 買う）、Langthwaite（長い開墾地）。Crosthwaite, Crostwight, Crostwick は「十字架の村」-twight, -twick = -thwaite.

Nordic words in English（ノルド語起源の英語）

ノルド語（Norse, Nordic）とは「北の言語、北ゲルマン語、北欧語」のことである。英語の歴史にとって重要なのはデンマーク語、それをもたらしたデンマークのヴァイキングである。英語の綴り字は viking だが、バイキングと表記すれば、1958年、東京の帝国ホテルのシェフが、食べ放題、飲み放題の料理を指すのに用いて有名になった。これを英語では smorgasbord スモーガスボードと言い、もとはスウェーデン語で「バターつきパンの食卓」の意味である。smörgås スメールゴース「バターつきパン」smör バター、gås ガチョウ、bord ブード、食卓、の合成語である。

ヴァイキング viking は vík ヴィーク（入り江）に住む者、の意味で、彼らは新天地を求めて、750-1050年ごろ、ヨーロッパの各地へ侵入した。デンマークのヴァイキングは英国、フランス、イタリアへ、スウェーデンのヴァイキングはロシアからビザンチウム（＝コンスタンチノープル）へ、ノルウェーのヴァイキングはアイスランド、グリーンランド、北米海岸へ進出した。

彼らの言語は古代ノルド語（Old Norse, ド Altnordisch）といい、古代英語に近い形をしていた。ノルド語とは北の言語（北欧語）の意味で、北ゲルマン語（North Germanic, ド Nordgermanisch）のことである。英語やドイツ語は西ゲルマン語（West Germanic, ド Westgermanisch）である。

英語の中にノルド語をもたらしたのはデンマークのヴァイキング

であった。彼らは、最初は少人数でイングランドに襲来し、略奪品を携えて行ったが、その後、略奪は質量ともに拡大した。これに手を焼いたアルフレッド大王（Alfred the Great）はウェドモアWedmoreの条約（878）によってイングランドの半分にあたるノーサンブリアNorthumbria, East Anglia全土とCentral Englandの半分を彼らに譲渡し、そこをDanelaw（デーンロー；デーン法施行地）と呼んだ。

　彼らの影響は、まず地名（place names）にあらわれる。ノルド語bekkは小川の意味で、人名Steinbeck（石川；steinは「石」）、作曲家バッハ（Bach, 小川）、地名Birkbeck（白樺の川）、Gosbeck（ガチョウの川＜goose-beck）、Sandbeck（砂浜の川）がある。

　ノルド語by（ビュー）は「村、町」の意味で、Appleby, Ashby, Derby, Formby, Kirkby, Rugby, Selby, Spilby, Whitbyは、それぞれ、リンゴの町、トネリコの町、鹿（deer）の町、古い町（forn 'old', あるいは人名Forniの町）、教会の町（kirkはスコットランド方言）、Hroca（人名）の町、柳の町（Old English *salh* 柳）、Hviti（人名、白い人、白髪の人、white）の町の意味である。このbyはデンマーク、スウェーデン、ノルウェーに共通だが、スウェーデン語では「村」の意味になる。動詞bo「住む」や英語beと同じ語根に由来し、「人がいる場所、人の住む所」が原義である。スウェーデン語の「町」はstadスタード、ドイツ語Stadtで、これも「人がいるところ」の意味からきている（語根stā- 立っている）。

　-dal, -dale「谷」はドイツのNeanderthalネアンデルタールが有名だ。英語のdaleは、いまは詩語に用い、普通はフランス語からきたvalleyを用いる。地名としては英国の北部に多い。Borrowdale城川（＜borgar-á）のborrow＜borgはEdin*burgh*, Peter*borough*に見える。áは「川」、ゴート語ahwa, ラテン語aqua. Dahlham（谷のある村）、Doverdale（Doverの谷）、Grindale（緑の谷）、Kendal（Kent川の谷）、Kirkdale（教会谷）、Langdale（長い谷）など。

　-holm, -holmeは「島」「川のある牧場」の意味に用いられる。

Stockholmは材木（stock）の島（holm）の意味で、山で切り倒された材木が川に乗って流れ、河口に材木の島ができたので、この名がついた。英国では湖水地方Lake Districtへの乗換駅Oxenholme（牡牛の牧場）、Arkholme（羊飼小屋のある牧場）がある。

　-thorp, -thorpe（村）は、ほとんどが、デンマーク人居住地（Danelaw）に見られる。Copmanthorpe（商人の村）、Grassthorpe（草の豊かな村）、Souldrop（峡谷農場の村）、Springthorpe（泉の村）、Thorpland（村のある土地）、Throphill（村のある丘）、Woodthorpe（森の中の村）など。thorpは古代ノルド語、古代英語に共通の単語で、同じ語源のドイツ語Dorfドルフは「村」の意味で、Düsseldorfデュッセルドルフは、いまでは大学もある大都市だが、「村」の名前が残っている。Düsselは川の名である。

　『アルプスの少女ハイジ』の村マイエンフェルトMaienfeldにあるデルフリ村（Dörfli）はDorfに指示辞-liがついたものだが、この-liはwienerli（ウィーンの小さなソーセージ）に見える。

　英語は、その後、フランス語からきたvillageを用いるようになった。これはラテン語villa別荘、の集合名詞である。

　前出の「商人の村」の「商人」copmanはchapmanと同じで、ドイツ語Kaufmannカウフマン（商人）にあたる。cop, chapはcheapと同じ語源で、「商売、売買」の意味から「安い」の意味になった。フランス語à bon marchéア・ボン・マルシェ「よい販売で」が「安い」の意味になった。ドイツ語Kaufカウフ「売買」の動詞kaufenカウフェン「買う」、verkaufenフェルカウフェン「売る」となる。

　-thwait開墾地、牧場。ノルド語thveitスヴェイト（女性名詞）はJan de Vriesの『古代ノルド語語源辞典』に独立の語としてではなく、地名に、とあり、Geir T. Zoëgaソエガ、の『簡約古代アイスランド語辞典』には見出し語にも載っていない。『デンマーク地名辞典』（Bent Jørgensen, Copenhagen, 1994）には載っていた。Apple-thwaiteリンゴ畑、Armathwait隠者の開墾地（arma 'hermit'）、Cowperthwaite商人の開墾地（coup, cowp商売する、ドイツ語kaufen買う）、

Langthwaite 長い開墾地。Crosthwaite, Crostwight, Crostwick 十字架の村。-twight, -twick = -thwaite.

ヴァイキングがもたらした単語は基本的な日常語が多い。bask, booth, cake, call, cast, die, fellow, gap, gape, hail, happen, happy, hit, husband, ill, knife, law, leg, loan, race, raise, ransack, root, scare, skill, skin, skirt（この英語が shirt），sky, steak, take, thrive, wand, window, wrong などである。

「死ぬ」die の古代英語 steorfan ステオルヴァン、はドイツ語 sterben シュテルベン、と同じ語源だが、これは starve（餓死する）に残る。「死ぬ、一般的に死ぬ」は die（古代ノルド語 deyja デイヤ）が用いられるようになり、starve は、狭い意味になり、飢え死にする、の意味になった。これを意味の特殊化（specialization of meaning）という。

古代英語 steorfan（死ぬ）→ die ［語彙の変化］
　　　　　steorfan（死ぬ）→ starve（餓死する）［意味の変化］
古代英語 niman（取る）→ take ［語彙の変化；ノルド語より］
　　　　　niman は現代英語 benumb（感覚を奪う）に残る。

fellow ＜ノルド語 fé-lagi フィエーラギ「家畜を一緒に置く者、放牧者」fé（家畜）は英語 fee（授業料）に意味が変化している。fé と同じ語源の古代英語 feoh フェオホ「家畜、財産、おかね」はラテン語 pecus ペクス「家畜」、その派生語 pecūnia ペクーニア「おかね」。語頭の p → f の変化はグリムの法則と呼ばれ、ラテン語 pater →英語 father に見られる。

law（法律）は古代ノルド語 lǫg ログ（lag の複数）。原義「置かれたもの、定められたもの」；英語 lay（置く、定める）に原義が残る。ドイツ語の「法律」Gesetz ゲゼッツ；setzen ゼッツェン「置く」の過去分詞で、「置かれたもの、定められたもの」

want「望む」＜古代ノルド語 van-r ヴァンル「…を欠いた」中性 van-t.「私にはお金がない」から I want money「お金がほしい」の意味になった。vain むなしい、vanity 虚栄、vanish 消える、も同じ語

根からきている。vain と vanity の関係はフランス語 main マン「手」と英語 man-（manual 手の、手引き書）の関係と同じである。vanity の -ity はラテン語 -itās（vānus むなしい；vānitās むなしさ）に由来する抽象名詞接尾辞で、possibility, probability, quality, quantity など例は多い。vanish の -ish は finish, flourish, punish などフランス語からきた動詞に見られる。

bask（bask in the sun 日なたぼっこをする）は古代ノルド語 baðask バザスク 'bathe oneself' からきて、-sk という文法的な語尾をそのまま採り入れた貴重な例である。sik「自分自身を」はドイツ語 sich にあたるが、英語はこれを失ってしまった。sik の si- は印欧祖語 *se（自分を）で、イタリア語 si vende シ・ヴェンデ「自分を売る、売られる」、スペイン語 se vende セ・ベンデ「自分を売る、売られる、本が売れる、など」、ロシア語 -sja シャ「自分を」など、広く用いられる。bath, bathe, ドイツ語 Bad バート「水浴び、温泉」はゲルマン諸語に共通。

booth（屋台、売店、部屋）は telephone booth（電話ボックス）、ブース（語学演習室の仕切り台）などカタカナ日本語としても用いられる。古代ノルド語 búð ブーズ「住居」、アイスランド語 búð ブーズ「店」からきて、語源は búa ブーア「住む」から「住むところ」の意味になった。動詞 + -th（抽象名詞）は birth（誕生）、growth（成長）に見られる。

cake は古代ノルド語 kaka（お菓子、複合語に）からきて、ドイツ語 Kuchen クーヘン（Baumkuchen バウムクーヘン：木のお菓子）、オランダ語 koek クーク（oe は u と発音）と同源。cookie クッキーはオランダ語経由で「小さなお菓子」の意味。

call（呼ぶ）も基本語だが、telephone call など、ごく普通に用いる。「呼ぶ」の古代英語 clipian クリピアン（古語）は yclept イクレプト「…と呼ばれる」という過去分詞に残る。The sweet wood yclept sassafras. Lamb, Elia, "Chimney-Sweepers" ササフラスと呼ばれる香り高い木。市河三喜『古代中世英語』1935, p.26.

cast（投げる）は名詞cast「キャスト、配役に割り当てる」、caster キャスター「投げる人、テレビ放送者」などお茶の間でも活躍している。古代ノルド語kasta（投げる）は古代英語ではweorpanウェオルパン（ドイツ語werfenヴェルフェン）。現代英語の「投げる」はthrowで、語源的にドイツ語drehenドレーエン「まわす」にあたる。cast, hit, let, spreadのように-t, -dに終わる動詞は過去・過去分詞が同じであるものが多い。

gap（割れ目、すきま）、gape（くちをポカンと開ける）は、ともに古代ノルド語gap（裂け目）からきている。gapは北欧神話の天地創造の個所に「時のはじめに、原巨人Ymirユミルが生きていたとき、天も地もなく、あるのはギンヌンガガップGinnungagapという底なしの深淵（裂け目gap）だけだった」とある。gapは口をあんぐりと開けた魔の裂け目だった。gapeはその動詞である。

hail（古語、挨拶する、歓迎する；hail from…の出身である）は古代ノルド語heill（健康な）より。hail, heal, health, wholeはすべて同じ語源。heal（癒す、なおす）は「完全にする」が原義。「健康な」のドイツ語gesundゲズントのsundは英語のsound（safe and sound）と同源である。

happen, happyは古代ノルド語happ（運、幸運、出来ごと）の派生語で、perhaps（もしかしたら）の中にも入っている。これはper-chanceのフランス語chance（チャンス）をhapと訳し、副詞語尾-sを加えたものである。古代英語の「幸福な」はsæligセーリイで、その後、意味が変化してsilly（おろかな）となった。同じ語源はドイツ語seligゼーリッヒ「祝福された」に残る。

hitも基本語だが、古代ノルド語hittaヒッタ「見つける、出会う」からきている。デンマーク語hittebarnヒッテバーン「見つけた子供、拾った子」（日本語では捨て子）はアンデルセンの『人魚姫』に出てくる。人魚姫は人間と同じ2本の足（脚）を得たが、声を失ったまま海岸に打ち上げられた。王子は彼女を海岸で、はだかのまま倒れているのを見つけてmit stumme hittebarnミット・ストン

メ・ヒッテバーン「私の、口のきけない拾っ子よ」と呼んだ。

husband（夫）は古代ノルド語húsbóndiフースボーンディ「家の主人」からきて、bóndiはbúaブーア「住む」の現在分詞búandi「住む者」が原義だった。現在分詞の-ndは英語friend（愛する人、友人）やfiend（憎む人、敵）にも見える。bóndiのデンマーク語bondeボネ、スウェーデン語bondeボンデ、は、ともに、「農夫」の意味になっている。ドイツ語の「夫」はMannで、mein Mann（私の夫）のように用いる。ein Mannは「ひとりの男」。

ill（病気の）は、ill-mannered, ill-natured, ill-timed（タイミングのわるい）、ill-treatment（虐待）のように、「わるい」が原義だった。「わるい」と「病気の」の関係はラテン語male habitusマレー・ハビトゥス（わるい状態の）がフランス語maladeマラード「病気の」になったことに見られる。He is illがアメリカ英語ではHe is sickとなる。sickと同じ語源のドイツ語siechズィーヒは「病身の」で、「病気の」はkrankクランク、という。イギリス英語でI am sick, I feel sickといえば「吐き気がする」の意味となる。

knife（ナイフ）はヴァイキングらしい単語だ。外来語は品物と一緒に入ってくる。これを言語学ではwords and thingsという。ドイツ語ではWörter und Sachenヴェルター・ウント・ザッヘンという。コーヒー、ビール、ワインなど、みな同じである。古代英語ではseaxという単語を用いたが、これは民族名Saxonの語源である。サクソン人はこの小刀が民族の象徴だった。ナイフはフランス語にも採り入れられて、canifカニフと言っている。英語の単語が本来語かノルド語起源かは、ドイツ語を調べれば分かる。「ナイフ」のドイツ語はMesserメッサーといって、全然別の単語である。そのオランダ語mesは鎖国時代に日本語にはいり、医学用語メスになった。「実態を解明する」の意味の「メスを入れる」は、このメスである。

leg（脚）は古代ノルド語leggrレッグル（-rは男性名詞の主格語尾）からきている。ゲルマン語の中では英語とアイスランド語だけがこの語を用い、ドイツ語、オランダ語、デンマーク語、スウェー

デン語、ノルウェー語は、ドイツ語Bein バイン（英語bone 骨と同じ語源）の系統を用いる。

loan（貸付、貸金）は古代ノルド語lán ラーンより。英語lend（貸す）も同じ語源だが、-d は lend, send, wend などの類推で付加された。ドイツ語leihen ライエン（南ドイツ語lehnen レーネン）は「貸す」と「借りる」の両方の意味がある。

race（競争）は古代ノルド語rás ラース「走ること running」より。「種族」の意味のrace はフランス語より。

raise（持ち上げる）は rise（起きる）の使役形だが、同じ関係が古代ノルド語rísa リーサ（起きる）と reisa レイサ（起こす）に見られる。英語rise の使役形は本来rear（育てる）であったが、ノルド語起源のraise「起こす」が引き受けた。

ransack（くまなくさがす）は古代ノルド語rannsaka ランサカから で、これは家（rann）をさがす（saka）、家探しする、の意味。復讐の相手や敵が隠れていないかを見る。saka（さがす）は英語seek、ドイツ語suchen ズーヘン、heimsuchen ハイムズーヘン（方言で）人を訪れる、災難が襲う。

root（根）は古代ノルド語rót ロートより。対応する古代英語はwyrt ウュルトで、ドイツ語Wurz ヴルツ、薬草、Würze ヴュルツェ Gewürz ゲヴュルツ、香辛料、Wurzel ヴルツェル、根、にあたり、印欧語根は *wrād- ウラード、ラテン語rādīx ラーディークス、根、のもとになっている。radix から英語radish 大根、がきている。

scarecrow スケアクロウ（カラスよけ、かかし）の scare（こわがらせる）は古代ノルド語skirra スキルラより。次項の skill, skin, skirt, sky もそうだが、語頭のsk- はノルド語起源に多い。ラテン語からきた scandal, scarce, school は例外である。

skill（技術、熟練）は古代ノルド語skill（区別）、skilja スキリャ（区別する）より。意味の変化はドイツ語scheiden シャイデン（区別する）と gescheidt ゲシャイト（区別できる、利口な）が参考になる。古くはcraft にあたる語を用いていた（handicraft 手芸）。

skin（皮膚）は古代ノルド語 skinn より。古い英語は hyd ヒュード
を用いた。これは今の hide［haid］獣皮、ドイツ語の Haut ハウト
（皮膚）にあたる。

skirt（スカート）は shirt（シャツ）と同じ語源で、sk- と sh- の関
係は skip 船（ゴート語、ノルド語）と英語の ship に見られ、sk- は
skipper（船長）に残る。equip（装備する）は古代フランス語 es-
quipper エスキペ、船に乗せる、今のフランス語 équiper エキペ（装
備する）から英語に入ったものだが、そのもとは、古代ノルド語
skip（船）だった。北欧人のシャツは長く、スカートをかねていた。
スウェーデン語 skjorta シュータ、デンマーク語 skjorte スキョーテ、
は「シャツ」で、スウェーデン語のスカートは kjol ヒュール、デン
マーク語のスカートは nederdel ネーザーデール（下の部分）という。

sky（空）は古代ノルド語 ský スキュー（雲）より。デンマーク語、
ノルウェー語はいまでも「雲」だが、スウェーデン語の「雲」は
moln ムルンという。古い英語は heofon（heaven）を「空」の意味に
用いたが、のちに、「天、天国、神」の意味に転じ、物理的な空に
は sky が用いられるようになった。ドイツ語の Himmel ヒンメルは
heaven と同じ語源である。ドイツ語の「雲」Wolke ヴォルケの同源
語は英語 welkin（空、雲の領域）。

steak（牛肉や魚の厚い切り身、ビフテキ）の語源は古代ノルド
語 steik ステイク（焼肉）、その動詞は steikja ステイキャ、串で焼く。

thrive（栄える）は古代ノルド語 thrífa-sk スリーヴァスク。

wand（杖；magic wand 魔法の杖）は古代ノルド語 vǫndr ヴォンド
ル（杖、枝）より。

window（窓）の原義は wind-eye（風の目）だが、風も日光も入っ
てくる。ノルド語 vind-auga ヴィンド・アウガ、デンマーク語 vin-
due ヴィンドゥ。古い英語は ēaġ-thyrel エーアイシュレル 'eye-door'
で、音法則的に発達すれば eye-thril となったはずである。「目の
戸」の表現は日本語の「目・戸」が「マド」になったのと同じ発想
である。ドイツ語の「窓」は Fenster フェンスターで、ラテン語

127

fenestrum フェネストルムからきている。英語がwindowという昔ながらの表現であるのに対し、ドイツ語はラテン語を借用した。フランス語 fenêtre フネートル（古形 fenestre）はラテン語からきた。スウェーデンの王さまはフランスびいきだったので、スウェーデン語 fönster フェンステルはフランス語から借用した。

wrong（わるい、間違った）は古代ノルド語 rangr ラングル（ねじれた、ゆがんだ、曲がった）より。現代英語の wring（ねじる、タオルをしぼる、鳥の首をひねる）は wring, wrung, wrung と変化し、語根は同じである。

get, give, egg, sister のような基本語は、もちろん、古代英語に ġietan イェタン、ġiefan イェヴァン、æġ エーイ、sweostor スウェオストルとしてあった。しかし、これらが音法則的に発達したならば、yet, yive, ey, swester となったはずである。語頭のġ- の発音 [ji-] がg- に復元したのはノルド語の影響であり、egg, sister の語形もノルド語 egg, syster によるものである。ドイツ語 Ei アイ「タマゴ」、Schwester シュヴェスター「姉妹」と比較すると、事情が分かる。

以上、地名や単語にノルド語の影響を見てきたが、人称代名詞 they, their, them もノルド語から入ったものである。代名詞のような文法的要素が借用されることは、言語史の上で非常にめずらしい。

古い英語では hē 'he', hēo 'she', hit 'it', hīe 'they' で、発音は文字通りにヘー、ヘーオ、ヒット、ヒーエと読む。語根 h- は here ここに、hence ここから、hither ここへ、にも見える。この h- はラテン語 ci-s キス（こちら側に）、cis-alpīnus キス・アルピーヌス（アルプスのこちら側に）に対応する。

ラテン語 c- [k-] はゲルマン語 h- にあたる。言語学では「c は h に対応する」c corresponds to h という。

ラ centum ケントゥム「100」＝英 hund(red)

　　red はラテン語 ratio「数」

ラ canis カニス「イヌ」＝英 hound「猟犬」

なぜ they, their, them に変わったかというと、古代英語は hīe 彼ら

は、hiera 彼らの、him 彼らに、hīe 彼らを、と変化したが、hiere 彼女の、と似ているし、him 彼らに、は him 彼に、と同じで、まぎらわしい。hīe（彼らは、彼らを）が同じであることも困る。このような不便から、区別をつけやすいノルド語の代名詞が中世英語から近代英語にかけて徐々に用いられるようになった。Chaucer（1340?-1400）では they, their, hem であったが、17世紀になって、they, their, them が確立した。この点、ドイツ語の sie ズィーは「彼女は、彼女を、彼らは、彼らを」の多義で、大文字で書いた Sie（発音は同じ）は「あなたは、あなたを、あなたがたは、あなたがたを」の多義で、耳で聞いた場合、さらに不便だ。代名詞といえば、西洋の文学作品を訳すために「彼、彼女」が日本語に定着したのは、明治時代になってからだった。

same（同じ）は古代英語 thy ilcan ġēare シュー・イルカン・イェーアレ 'in the same year' のように ilca イルカ（オランダ語 elk）を用いていた。それに代わった same はノルド語から借用したものである。この same は some と同じ語根に由来し、ギリシア語 homós ホモス（同じ、同性愛のホモ）も同じ語根からきている。語頭の s- はギリシア語では h- になる。

ラテン語 septem「7」＝ギリシア語 heptá ヘプタ

　　例：September＝ギ heptagon 7角形

ドイツ語 zusammen ツザメン（一緒に）、gesamt ゲザムト（全体の）も some と同じ語根より。

前置詞 till（…まで）もノルド語からの借用である。ノルド語では till lands 陸地に、till things 会議に、のように 'to' の意味に用いられたが、英語では till ten o'clock, till he comes のように前置詞にも接続詞にも用いる。to and fro（あちこちに）の fro はノルド語 frá…から、からきている。

Norse mythology（Scandinavian mythology）

北欧神話はギリシアやローマの神話ほど有名ではないが、英文学や英語と深い関係をもっている。北欧神話が英国に知られるように

なったのは、パーシィ（Thomas Percy, 1729-1811）のNorthern Antiquities（古代北欧、1770）で、この中に北欧神話の要約が収められている。これに鼓舞されて、カーライル（Thomas Carlyle, 1795-1881）のOn Heroes, Hero-worship and the Heroic in History（1840）やアーノルド（Matthew Arnold, 1822-1888）のBalder Dead（1855）が書かれた。Balder（バルデル）は北欧神話の主神Odinと妻Friggフリッグの息子で、神々に愛された王子であったが、邪神Lokiロキのそそのかしのために弟のHodr（ホドル）に殺される。アメリカの詩人ロングフェロー（Henry Wadsworth Longfellow, 1807-1888）はThe Tales of a Wayside Inn（1863）の中に北欧に登場する王や英雄の挿話を物語っている。その中のThe Saga of King Olaf（オラフ王のサガ）は詩人ロングフェローの北欧の造詣の深さがうかがわれる。

　古代アイスランドの文学に最大の情熱を傾け、その言語を習得した英国の詩人はウィリアム・モリス William Morris（1834-1896）であった（大槻憲二『ウィリアム・モリス』研究社英米文学評伝叢書, 57, 1935）。筆者は1996.9.14. OxfordのWilliam Morris tourに参加した。13:30-16:15. 参加者は10人ほどであった。

　William Morris はアイスランド人エイリークル・マグヌーッソン Eiríkur Magnússon と共同で Volsungasaga（ヴォルスング族の英雄シグルドとその一族の運命を描く）の翻訳 Volsunga saga：The story of the Volsungs and Niblungs（1870）を出版し、1876年にはこれをもとに The Story of Sigurd the Volsung and the Fall of the Niblungs（ヴォルスング族のシグルドの物語とニブルング族の滅亡）を完成した。後者はノルド文学を真に理解した代表的作品と称される。ウィリアム・モリス著『アイスランドへの旅、1871年夏』大塚光子訳、昌文社、2001）がある。

　たびたび出てきた古代ノルド語（Old Norse）はエッダ、サガ、スカルド詩人の言語で、主要部分は1200-1350ごろの言語である。エッダ（Edda）はアイスランドの学芸の中心地「Oddiオッディの書」と解釈され、37編の詩からなり、内容は神話、ことわざ、英

雄伝説となっている。作者は不明で、800年から1100年ごろの間に成立し、人々に語り継がれてきたものが、12世紀末にアイスランドで編集された。これは『詩のエッダ Poetic Edda』と呼ばれる。

北欧神話の資料は「詩のエッダ」のほかに「散文のエッダ Prose Edda」がある。散文のエッダはアイスランド人・詩人・政治家スノリ・ストゥルルソン Snorri Sturluson（1178-1241）が書いた詩学の教科書で、『スノリのエッダ Snorra Edda』とも呼ばれる。その第1部は北欧神話の要約で、散文で書かれていることから、散文のエッダと呼ばれる。

『詩のエッダ』の冒頭の詩編は「巫女（みこ）の予言 Vǫlospá ヴォロスパー」と題され、天地創造から宇宙壊滅までが語られる。ギリシア神話は「最初にカオス（混沌）があった」で始まるが、北欧神話は「最初に底なしの深い淵 Ginnungagap ギンヌンガガップがあった」で始まり、「そして巨人族、神族、小人族、人間が誕生し、最高神オーディン Odin が万物を支配する」のであるが、最後に神々と巨人族が戦い、その結果、天上と地上のすべての創造物が滅びる。宇宙の壊滅はワーグナーのオペラ「神々の黄昏（たそがれ）Twilight of Gods, ド Götterdämmerung」で広く知られる。巫女の予言 Vǫlospá の vǫlo は vǫlva（杖を持つ者、巫女；ゴート語 walus 杖）の属格。spá（予言）はラテン語 specio（見る）と同根で、「過去と未来を見る者」の意味である。ǫ は〔ɔ〕。

O

Old Norse texts（古代ノルド語の文例）

1. Eiríkr hét maðr Norrœn.

   エイリークル・ヘート・マズル・ノレーン

   〔訳〕エイリークという名のノルウェーの男がいた。

   〔注〕Eiríkr の r は男性主格語尾なので、訳すときは -r を省く。英語の Eric にあたる。ゲルマン祖語 *aina-rīkja- アイナ・リーキャ「唯一の有力者」。ríkr は「有力な」から「金持ちの」の意味になり、英語 rich、ドイツ語 reich ライヒ、フランス語 riche リシュになった。

hétヘートはheitaヘイタ（…という名である）の過去。古代英語にはhātanハータンがあったが、今は過去分詞hightハイト（…と呼ばれる）という古形が残るだけである。ドイツ語は今でもheissenハイセン（…という名前である）が普通に用いられる。maðrマズル（人、男）は属格manns、与格manni、対格mannと変化する。Norrœnnノレーン（ノルウェーの）＜norðr-œnn（北方の、英語northern）。英語、ドイツ語、フランス語など現代語ならば不定冠詞を用いるところであるが、この時代にはまだ冠詞は少ししか発達していなかった。

2.　Hann var kallaðr Eiríkr Rauði.

　　ハン・ヴァル・カッラズル・エイリークル・ラウジ

　［訳］彼は赤毛のエリク（Erik the Red）と呼ばれた。

　［注］hann 'he'；var 'was'；kallaðr 'called'；Rauði 'the Red'（-i は弱変化語尾）

　　rauðr（maðr）＝ a red（man）

　　rauði（maðr）＝ the red（man）

　　英語callはノルド語kallaから借用。

3.　Hans sonr Leifr fann Vínland.

　　ハンス・ソンル・レイヴル・ファン・ヴィーンランド

　［訳］彼の息子レイヴはヴィーンランド（ワインの国、北米海岸）を発見した。

　［注］hans ＝ his；sonr ＝ son；Leifrは英語leaveと同根。残された者、息子、娘。fann ＝ finna 'find' の過去。findはすべてのゲルマン語に共通の動詞。Vínland 'wine-land'. 1000年ごろLeifrは北米海岸に漂着し、その地をワインの国と名づけたが、定着はしなかった。コロンブスのアメリカ大陸発見の500年も前である。

4.　Óðinn var ása framastr.

　　オージン・ヴァル・アーサ・フラマストゥル

　［訳］オーディンは神々のうち最高であった。

　［注］Óðinn ＜ ＊Óðin-r（nrがnnに同化する）。ásaはássの複数属格（of the Gods）。ássは北欧神話に登場する神の一族。人名Oswald（os

＝áss）は「神のごとき権力を持つ者」、Osborne は「神から生まれた者」の意味（cf. ケルト語 Dēvo-gnāta- 神から生まれた）。framastr ＝ framr（先頭の）の最上級。fram は「前方へ」の意味で、ノルウェーの南太平洋探検の船（いかだ船）コンチキ号は「フラム」（前進！）という名だった。最上級の -st は英語やドイツ語でおなじみの語尾である。

5. Hann gorði himin ok jǫrð.

　　ハン・ゴルジ・ヒミン・オク・ヨルズ

　［訳］彼は天と地を作った。

　オーディンの天と地の創造は次のようであった。最初の原巨人（Proto-Giant）であるユミル（Ymir）を殺し、その頭蓋から天蓋を作り、肉体から大地を作り、血から海を作った。

　［注］hann 'he'；gorði ＝ gora 'to do, to make' の過去。-ði は英語 di-d, ma-de, work-ed などの語尾と同じ。himin 天を（himinn 天は）。英語の heaven は -min が異化（dissimilation）したもの。ok ＝ and（eke…も；nickname の ick は ok と同源）。jǫrð 'earth' ＝ ドイツ語 Erde エールデ。英語では er- が ear- のように母音が割れる（breaking）。ノルド語でも e- が io-, jo- になる。

one-syllable word（1 音節語）

　英語の特徴の一つは、1 音節語が多いことである。Last week John gave his wife a smart, small, cheap, straw hat.（先週ジョンは妻に生きな、小さな、安いワラの帽子を与えた）は、みな 1 音節語だ。これはデンマークの言語学者オットー・イェスペルセン（Otto Jespersen, 1860-1943, コペンハーゲン大学教授）の例であるが、ほかに Live and learn.（人は何歳になっても学べる）、Haste makes waste, and waste makes want.（急ぐと損をする、損をするとまた欲しくなる）も全部が 1 音節語で、haste-waste は脚韻（end-rhyme）を踏み、waste-want は頭韻（alliteration）を踏んでいる。聖書の In the sweat of thy brow shalt thou eat thy bread.（汝の額に汗して汝のパンを食べるべし）も同様である。

語頭の音節を省略（aphaeresisという）してできたものも多い。
down, live（日本語でも録音や録画でない「生の、生で」の意味で
ライブと言っている）、pert（生意気な）、spy, squire（地主）、fence（囲
い、囲う）、sport, vie（競う）などはadown, alive, apert, espy, esquire,
defence, disport, envieの語頭音（音節）が脱落した結果である。

origin of family names（姓の起源）

　西暦11世紀ごろから住民登録や納税制度の発達とともに、家族
名（family name）を併記する習慣が始まった。ある村に太郎とい
う男子がいたとする。もし太郎が2人いたら、それを区別しなけれ
ばならない。小川のほとりの太郎とか、大工の太郎とか、デブの太
郎とか、である。

　姓の起源には、次の4つがある。

1.　父称（ふしょう）patronymic 'father's name'. Tom Johnson =
　　Tom, John's son. ジョンの息子トム。

2.　職業（profession）：Tom Smith = Tom the Smith 鍛冶屋のトム。

3.　地名（place name）：Tom Churchill < church hill. 教会丘のトム。

4.　あだ名（nickname）：Tom Armstrong 腕っぷしの強いトム。

　アンデルセンはアンドレアス（Andreas）の息子、イプセン（Ib-
sen）はイブ（ヤコブの愛称）の息子、が語源だが、-senはデン
マークやノルウェーに多い。スウェーデンではAndersson（sが二つ、
アンデルスの息子）となる。アメリカに移住してAnderson（アン
ダーソン）は-sが一つになった。Jones, Keats, Williamsのように-s
だけのものもある。Jonesはウェールズ地方に多い（George Borrow,
Wild Wales, 1862）。ゴルバチョフ Michail Gorbachev（1931-2022）は
東西冷戦を集結させ、1990年にノーベル平和賞を授与された。gor-
bach ゴルバーチは「せむし」の意味。先祖にそのような人がいた
と思われる。

　だれだれの息子の言い方は他の国にもある。MacArthur, MacCar-
thy, McCormick, MacDonald, MacGregor, Macmillan などはスコットラ
ンドの出身である。mac（mcの綴り字もある）は「息子」の意味で、

ゴート語magusマグス（少年）と同じ語源である。ウェールズでは
Map-, Ap-（詩人Dafydd ap Gwylim）となり、Ap Rhys（アプ・リース）、
また一語に縮まったPriceは、ともに 'son of king' の意味である
（rhys, cf. ラ rēgis王の）。Ernest Rhys（1859-1946）はEveryman's Li-
braryの編纂者であった。O'Brienオブライエン、O'Connorオコナー、
O'Neillオニール、などO'はアイルランド出身者に多い。Fitzgerald
フィッツジェラルドのfitzはフランス語filsフィス（息子）にあた
る。ペルシアの詩『ルバイヤート』の英訳で有名な英国の作家は
FitzGeraldと綴る。fitz-は生産的とはいえない。John F. Kennedyの
middle nameであるFitzgeraldは母方の父（ボストン市長）の姓Fitz-
geraldからもらった。

　スピードスケートの金メダリストにCasey FitzRandolphがいたが、
彼の場合は、先祖にRandolphという人がいて、その息子の意味
だった。Randolph（rand-wolf）は「オオカミの楯、たて」、Casey は
アイルランド語で「勇敢な」の意味である。

　ギリシアには -akis（Hatzidakisハツィダキス；Kalitsunakisカリツ
ナキス）、-pulos（Papadópoulosパパドプロス）、-oglu（Bostanzoglu
ボスタンゾウル）がある。ogluはトルコ語で「息子」の意味で、小
アジア（Asia Minor）出身のギリシア人に見られる。

　以上の父称は家族名なので、生産的ではない。これに反して、ア
イスランドでは、いまも父の名（father's name, patronymic）が生産
的に行われる。人口30万、絶海の孤島のために、アイスランドは
ゲルマン的命名法（name-giving）が残っている。首都Reykjavikレ
イキャヴィークは「煙湾」の意味である。reykrレイクルは「煙；
ドイツ語Rauchラウホ」、víkヴィークは「湾」の意味である。
Stefán Einarssonステファウン・エイナルスソンは「エイナルEinar
の息子ステファウン（ギリシア語stéphanos冠）」の意味で、『アイ
スランド語』Icelandic. Grammar, Texts, Glossary. Baltimore, The Johns
Hopkins Press, 1949の著者である。xxxvii, 502 pp. 書名にあるように、
文法（180頁）、テキスト（102頁、文法にそった短文、民話、挿絵

入り）、語彙（205頁：発音記号つき：綴り字と発音がかなり離れている）。この1冊で、完璧を目指す。序文によると、1941-42年、Johns Hopkins 大学でアイスランドに赴く将校のために設置された授業に基づいている。アイスランド（人口30万）の季節は夏から始まり、4月24日に冬が終わる。本書を購入したのは1958年だが、筆者は森田貞雄先生の授業（1975）を早稲田大学理工学部51号館3階で受けた。森田先生は1953年11月から1954年8月までコペンハーゲン大学にデンマーク政府奨学生として留学中 Lektor Dr.Bjarni Einarsson から現代アイスランド語を広い教室で1対1で学んだ。森田貞雄著『ゲルマーニアをめぐって―言語、言語学、北欧語との出会い Omkring Germania − erindringer om sprog, sprogvidenskab og nordiske sprog』大学書林、2012年、134頁、1800円。森田先生（1928-2011）の貴重な図書848冊は早稲田大学中央図書館に収められ、森田貞雄文庫と名づけられた（北欧語・北欧文学の先覚者、宮原晃一郎の図書715冊は北海道大学図書館に収められた。1945年6月、東京の戦火を逃れて家族と一緒に北海道へ向かう途中、青森県野辺地駅で急死した。63歳だった。宮原は北海道新聞の記者をしていたが、毎晩、北海道大学図書館にたった1冊あるランゲンシャイトのデンマーク語・ドイツ語辞典を利用していた）。

　アイスランド初の女性大統領ヴィグディース・フィンボガドゥホティル（Vigdís Finnbogadóttir）はフィンボギ（フィンランド人の弓の意味）の娘ヴィグディースの意味、Vigdís（戦いの女神）の vig-（戦い）は男子名 Weigand, Wiegand（ともに戦う人の意味）にも見える。現代アイスランド人すべてがこの命名法をもっているわけではなく、ノーベル賞作家ハルドゥル・キルヤン・ラックスネス Halldór Kiljan Laxness, 1902-1998, は、アメリカ人なみに middle name をもっている。Laxness は「鮭岬」の意味で、土地にちなんだ姓である。lax は「鮭」、ness「岬」は英語 nose「鼻」と同じ語根で「先端」の意味からきている。

　アイスランドでは、お名前は？　との問いに「グンナルです」

「グズルーンです」のように答え、次に「誰の息子ですか、娘ですか」と尋ねられると、「ヘルギの息子です Helgason」「ヘルギの娘です Helgadóttir」のように答える。

　アラビアの地理学者 Ibn Batuta イブン・バトゥータ（1304-1368 ごろ）や歴史家 Ibn Khaldun イブン・ハルドゥーン（1332-1406）の Ibn はアラビア語で息子の意味で、ニューヨークの高層ビルをぶっ壊した張本人 Bin Ladin の bin も同じ「息子」の意味である。Benjamin の Ben、日本の匿名作家イザヤ・ベンダサンのベンはヘブライ語で「息子」の意味である。

P

Persian（ペルシア語）

　ペルシア語は印欧語族の言語。古代ペルシア語はペルシア大帝国の言語として、地中海からインダス川まで伸びていた。西暦 7 世紀にイスラム民族に征服されて以来、アラビア語の影響が大きく、アラビア文字が用いられる。今日、イランに 4000 万人、アフガニスタンに 500 万人に用いられる。ペルシア語起源の西欧語ないし英語にはいった 単語は azure（青色、空色）、bazaar, caravan, chess, divan（フランス語 douane 税関も同じ起源）、jackal, jasmine, kiosk, khaki, lilac, pajama, shawl, turban などがあり、その多くは日本語にも入っている。地中海の色 azure はペルシア語からスペイン語 azul［アスル］、イタリア語 azzurro［アッヅルロ］に入った。divan は「長椅子」の意味だったが、「会議室」の意味に用いられ、フランス語 douane は「税関」の意味に、ゲーテは『西東詩集』セイトウシシュウ（1819）West-Östlicher Divan の中で「詩集」の意味に用いている。ゲーテはペルシアの詩人ハーフィズ Hāfiz（1326?-1390）を J. von Hammer-Purgstall の翻訳（1812-1813）で読んだ。ゲーテは西欧の古典にとどまらず、東洋にも目を向けた。

place name（地名の話）

　ヨークとニューヨークを並べると、ヨークのほうが古く、ニューヨークのほうが新しいことがわかる。ヨーク York はイングランド

北部の人口10万の小さな町だが、ニューヨークは人口800万のメガシティである（人口600万以上の都市をmegacityと呼ぶ）。

ニューヨークは最初ニュー・アムステルダム（1625年）と呼ばれた。1664年、英国軍司令官R.ニコルズはオランダ人からこの地を奪い、弟王ヨーク公の名をとってニューヨークと改名し、今日に至っている。人種のルツボ（melting pot）といわれる合衆国のなかでも、ニューヨークは多民族・多人種のコスモポリタン都市である。cosmopolitanはギリシア語でcosmos宇宙、polis都市。

カナダは1763年まではNouvelle Franceヌヴェル・フランス（新しいフランス）と呼ばれた。

新天地を開拓して、ニューをつけた地名は多い。New Caledonia, New Delhi, New England, Newfoundland, New Guinea, New Hebrides, New South Wales, New Town, Newton, New Zealand, Novosibirsk（新しいシベリアの町）…など、一つ一つが植民の歴史を語っている。

オーストラリアは17世紀のオランダ人航海者たちにニューホランド（New Holland）と呼ばれたが、19世紀にオーストラリア（ラテン語で南方大陸）に改称された。

太郎や花子に意味があるように、地名にも意味がある。地名の多くは普通名詞に由来している。東京は1868年、京都から江戸に首都が移ったとき、「東の都」East Cityの意味でこう名づけられた。日本は「日が出るもと、日の出る国 the country of the rising sun」の意味である。アナトリア Anatolia はギリシア語で「日の出る国」、オリエント Orient はラテン語で「日の出る oriens 国」の意味で、国 terra が省略されている。

地名 place name は toponym ともいう。ギリシア語 topo 場所と nym 名、からだが、nym は synonym, antonym, pseudonym などでおなじみの接尾辞で、nym は onoma オノマ（名）の別形である。

Newton も Newtown も「新しい町」だが、ナポリ Napoli, カルタゴ Carthago, ノヴゴロド Novgorod も、それぞれ、ギリシア語、フェニキア語、ロシア語で「新しい町」の意味である。ナポリはギリシア

人がここに植民地を作り、Neā pólis ネアー・ポリス（新しい町）と呼んだのがNapoliとなった。これはイタリア語だけからでは分からない。歴史の知識が必要だ。

New England, Newfoundlandは英語の知識だけで意味が容易にわかる。New ZealandのZealandはオランダのZeeland海の地方、ゼーランド州、から採った名である。タスマニア島Tasmaniaはオランダ人A.J.Tasmanが発見したことから、こう呼ばれた。tasmanのtasは手袋（ドイツ語Tasche タッシェ）を作る人、の意味である。

Nova Scotia（カナダの州）はラテン語で「新しいスコットランド」、New Caledoniaは1774年、英国の航海者James Cookに発見された。カレドニアはスコットランドのラテン名である。

大西洋、北欧の絶海の孤島アイスランドIcelandは、だれにも「氷の島」であることが分かる。グリーンランドGreenlandは「緑の島」の意味だが、実際には緑ではなく、ノルウェー人の赤毛のエリクErik the Redが982年、この島を発見したとき、緑の島と呼んだら、人々は喜んで植民するだろうと思って、こう名づけた。ここはデンマーク領であるが、土着の言語としては、エスキモー系のグリーンランド語が用いられている。「男はカヤックを見た」の「男は」と「男の家」の「男の」は、ともにangutipとなる（絶対格はangut）。

イングランドEnglandは、英語史でEngla-landからきていることを知って、「アングル人の国」であることが分かる。その後、サクソン人が大陸から移住してきたので、Saxa-land サクサランド、と呼んでもよかったはずである。アングロ・サクソン人は、二つの主要な民族を併記した名称である。イングランドはラテン語でAngliaというが、この-iaはItalia, Russia, Scandinavia, Yugoslaviaなど国の名の接尾辞である。フランス語ではAngleterre アングルテルといい、Angleにラテン語に近い形が見られる。terre土地、国、のラテン語terraの痕跡がterrace, territoryに見られる。

London, Paris, Berlinなど、大都会の語源は意外とむずかしい。理

由は、その名が古すぎて、そこに居住していた民族が死に絶えてしまって、言語的材料の手がかりを残していないからである。New York や Peking（Beijing）は大都会だが、さいわい、語源は分かっている。New York の York は古代英語の eofor-wīc エオヴォル・ウィーク（イノシシ村）が縮小した形だし、Peking（Beijing）ペキンは北京 north city で、南京 south city に対する名称である。wīc ウィークは Greenwich グリニッジ（緑の村）に見える。パリは旧称 Lutetia Parisiorum（パリシー族の沼地）の民族名から、ベルリンはスラヴ語で、やはり沼地（brl）とされる。

　Berlin に戻るが、この発音は Stettin シュテッティーン, Schwerin シュヴェリーンと同じ語尾 in にアクセントがあり、語源の関連をうかがわせる。schwer- はロシア語 zver' ズヴェーリ（野獣）にあたる。Leipzig ライプツィヒもスラヴ語で lipa リーパ（菩提樹）の町からきている。ドイツ人が南に東にどんどん勢力を伸ばして、領土を拡張した証拠である。ランゴバルド人 Langobards 'long-beared' は「長いひげをもった民族」の意味だが、イタリアに進出して、ランゴバルド王国を建設し、今日、イタリアのロンバルディア Lombardia 地方に名を残している。その中心地はミラノ Milano だが、これはケルト語 Medio-lanum 中央平原からきている。lanum は planum 平原、語頭の p- が消失するケルト語特有の現象である。

　簡単な地名をいくつか見てみよう。

1.　America はイタリア人の航海者 Amerigo Vespucci アメリーゴ・ヴェスプッチの Amerigo のラテン語形 Americus の女性形 America からきている。terra 国、土地、が女性名詞のため、それに合わせた。イタリア人の姓は Leopardi, Mussolini, Paganini, Puccini, Verdi のように -i に終わるものが多いが、これは男性名詞 -o の複数形で、「…家の人々」の意味である。

2.　Buenos Aires ブエノス・アイレスはスペイン語で 'good airs' の意味。

3.　Costa Rica コスタ・リカ。スペイン語で「豊かな海岸」。

4. Franceフランス。ラテン語形Franciaフランキア「フランク族の国」。ガリアGalliaと呼ばれていたが、西暦800年、カール大帝Carlomagnusがこの地を統治することになり、Franciaフランキア（フランク人の国）に改称された。フランク人はライン河畔のゲルマン民族であった。地名Frankfurt「フランク人の渡瀬」にその名が残っている。通貨フランはラテン語rex Francorumフランク王、からきている。

5. Khabarovskハバロフスク。シベリアの都市。17世紀の建設者Erofei Pavlovič Khabarovハバーロフより。-skは形容詞語尾「… の」で、英語-ish, ドイツ語-ischと同じ語源である。

6. La Pazラパス。ボリビアの首都。スペイン語「平和」。laは女性名詞の定冠詞。英語peaceと同様、ラテン語paxパークスより。

7. Leningradレニングラード。ロシア語「レーニンの町」。1703年ピョートル大帝Peter the Greatにより建設され、Sankt-Peterburg（英語はSankt-Petersburg）と名づけられたが、1924年Petrogradに改称、1942年にLeningradに改称。1991年、共産党崩壊とともにSankt-Peterburg聖ピョートルの町、に戻る。

8. Los Angelesロスアンゼルス。2008年、成田空港にLos Angelsと書いてあったが、誤植がなおったかな。

9. Nakhodkaナホトカ。ロシア語で「発見、発見物」の意味。暴風の中を航海中、船員たちが、船をつける入り江が「見つかった」と叫んだ。-kaはbalalaika, perestroika, troikaなど、ロシア語の名詞接尾辞。nakhodのna…に、khod行く、発見する。

10. Novaya Zemlyaノバヤ・ゼムリャ。ロシア領、北極海の島、人口100人。ロシア語で「新しい土地」。

11. Novgorodノヴゴロド。ロシア語で「新しい町」。シベリア鉄道の中心地。ノヴゴロド公国の首都（11-15世紀）。Leningradのgradも「町」だが、gradは古形。ロシア語gorodゴロドにあたる。

12. Stratfordストラットフォード。stratはstreet, ford「浅瀬」はOxfordの中にある。Avon河畔にあるので、Stratford-upon-Avonという。

シェークスピアの生地。

13. Yugoslavia ユーゴスラビア。ロシア語で「南スラヴ」。-ia は Austria, Australia, Bulgaria, Rumania, Russia と同じ。

　以下、原語と形が異なるために、むずかしい地名を10個あげる。

1. Bonn ボン。ライン河畔の都市。1990年まで西ドイツの首都だった。1949年、ベルリンが東西に分割されたとき、西ドイツの首都をライン河畔の小さな都市に建設するためにボンが選ばれたのだった。Bonn はローマ時代からの村で、ケルト語で「村落」の意味である。同じ名前はパリ郊外の森 Boulogne ブーローニュ、イタリアのボローニャ Bologna, ラテン語形 Bononia 大きな村、である。Bononia は bonna（村）の大きな村、の意味である。最初の n が異化（dissimilation）して l となり、Bolonia となった。ボローニャはヨーロッパ最古の大学のある街で、-on-（大きいを表す接尾辞 augmentative）で million, salon に見える。ウィーンのラテン名 Vindo-bona（ケルト語で白い町）の bona（村、町）は語根 *bheu- 'be' である。

2. Bourgogne ブルゴーニュ。フランス。ワインの名産地。ラテン語形 Burgundia ブルグンド人の国。東ゲルマン系で、ゴート人と同じく、ブルグンド人も消滅してしまった。

3. Bretagne ブルターニュ。ラテン語形 Britannia. 大ブリテン（Great Britain, Britannia major）に対して、小ブリテン Britannia minor の minor が省略されて、フランス語形になった。ケルト系のブルトン語 Breton が20万人に用いられる。「ブレイスの言語と文化の復興」原聖編『ケルト諸語文化の復興』2012.

4. Copenhagen コペンハーゲン。デンマークの首都。デンマーク語形 København コペンハウンは「商人の港」の意味。むかし、港が一つしかなかった時代には、単に、「港」Havn ハウンと呼ばれた。その後、同じ町に別の港が作られたので、区別のために「商人の」が加えられ、今日の形になった。17世紀の書物や新聞には発行地としてラテン語形 Hafnia ハフニアが記されている。København の前半はデンマーク語 købe ケーベ「買う、商売する」で英語 cheap（原義

は商売）や chapman（商人）に見られ、ラテン語 caupo カウポー（酒屋、酒屋の主人）からの借用語である。「港」が地名になったものに New Haven, ル・アーヴル Le Havre がある。ポルトガルのオポルト Oporto は「港」の意味で、o- は男性定冠詞である。オポルトワインで有名だ。定冠詞が名詞にくっついた。

5. Holland オランダ。holt-land（森の国）から。オランダの主要な州であることから、国名になった。正式名称は Nederland ネーデルランド（低い国、複数形；英語 The Netherlands）。フランス語は直訳して Les Pays-Bas レ・ペイ・バという。日本語のオランダはポルトガル語形 Olanda より。ポルトガル語は h- を発音しない。

6. Istanbul イスタンブール。トルコの都市。ギリシア語 eis tān pólin 'into the city' より。eis 'into' は中世ギリシア語では［is］と発音され、標準語 tēn（定冠詞男性対格）はこの方言では tān となる。

7. Koblenz コーブレンツ。ドイツ、ライン川とその支流 Mosel モーゼル川の合流点。ラテン語 confluentes コーンフルエンテース、合流点。-es はラテン語複数語尾。英語 confluence. 人名 Comrie コムリーもケルト語で「合流点」。

8. Köln ケルン。ライン河畔の都市。ラテン語 colonia 植民地より。ドイツ語は 'colonia（アクセント第一音節）より。英語とフランス語は co'lonia（アクセントは第2音節）より。オーデコロン eau de Cologne は「ケルンの水」の意味。兵士がこの香水をフランスに持ち帰った。

9. Vienna ウィーン。ドイツ語形 Wien, ラテン語形 Vindo-bona. ケルト語で「白い町」。vindo- 白い、bona 町。セルビアの首都 Beograd もスラヴ語で「白い町」。beo- = belo-（cf.Bela-rus 白ロシア）。

10. Stalingrad スターリングラード。スターリンの町。Lenin (1870-1924) の没後、権力を握ったスターリン (1879-1953) が早速自分の名をつけた。しかし、その没後、非スターリン化 de-Stalinization がソ連の国中で行われた。その結果、1961 年に Volgograd（ヴォルゴグラード、ヴォルガの町）に改称された。Stalin の名はソ連から

消されたが、パリの地下鉄の駅Stalingradには残っている。

地名の構造（structure of place names）

次の6つの構造がある。

1. 形容詞＋名詞（新しい町、大きな城、など）

Beograd ベオグラード。スラヴ語「白い町」＝Vindobona.

Carthago カルタゴ。フェニキア語「新しい町」。

Dublin ダブリン。アイルランド語「黒い池」black pool.

Guadalquivir グワダルキビル。スペインの川。アラビア語で「大きな川」guad-al-quivir 'river-the-great'. アラビア語の定冠詞alはalcohol, algebra, arithmetic などに見える。

Luxembourg リュクサンブール。ドイツ語で「小さな城」。

Mecklenburg メクレンブルク。ドイツ語で「大きな城」。

Mont Blanc モンブラン。フランス語「白い山」。

Montreal モントリオール、カナダ。フランス語「王の山」。

Nederland ネーデルラント。オランダ語「低い国、州」。

Newton （ニュートン）New town より。

Norway ノルウェー。ノルド語で「北の道」cf.北海道。

Rio Grande リオ・グランデ。スペイン語、ポルトガル語で「大きな川」を意味する。メキシコとアメリカテキサス州の国境を流れる。

Samarkand サマルカンド、ウズベキスタンの町。イラン語で「石の町」イラン語samara石, kand砦（とりで）、町。ギリシア語ákmōn かなとこ。ロシア語kámen' 石。英語hammer. ノルウェーのスキー場Lillehammer リレハンメル、ノルウェーのスキー場「小さな岩山」。Tashkent 参照。

Sevastopol セバストーポリ。クリミア半島の港町。ギリシア語で「聖なる町」ギsebastós「聖なる」。西暦9世紀の教会スラヴ語時代、ギリシア文字のb（beta）の発音はvだった。

Tashkent タシケント、ウズベキスタンの首都。ウズベク語Uzbekはチュルク系で、「石の町」。Samarkandと同じ命名法。taşタシュはトルコ語で「石」。kant, kentは、同じくチュルク系のキプチャク語

Kypchakで「町」。ソグド語（Sogdian, イラン系）kand町。

2．上記1において「町、城、土地、地方」の名詞が省略され、形容詞が残ったもの。「美しい島」が「美しい」になる。

Cartagenaカルタヘナ。スペイン、地中海に望む軍港。スペイン語で「カルタゴの」。ciudad「都市」が省略されている。紀元前カルタゴ軍（Hannibal兄弟が率いる）が建設。

Formosa台湾。ポルトガル語で「美しい」。ilhaイーリャ「島」が省略されている。ポルトガル人がこの島を見て「美しい」と叫んだ。ラテン語formosus「美しい、形のある」はforma「形」より。英語shapelyも「美しい」の意味がある。

Majorcaマジョルカ, Menorcaメノルカ。地中海の島。スペイン語で「より大きな」「より小さな」の意味で、スペイン語islaイズラ「島」が省略されている。

Occident西洋。ラテン語occidensオッキデーンス。「日が没するところの」現在分詞で、terra土地、国、が省略されている。ドイツ語では「西洋」をAbendlandアーベントラント（夕方の国）という。

Orient東洋。ラテン語oriensオリエーンス。「日が昇るところの」現在分詞で、terra土地、国、が省略されている。ドイツ語で「東洋」をMorgenlandモルゲンラント「朝の国」という。

Sarajevoサラエボ。ボスニア・ヘルツェゴビナの首都。スラヴ語で「宮殿の」。grad「町」が省略されている。sarajサライ「宮殿」はトルコ語からの借用語。-evo, -ovoは形容詞語尾。わが国にも「サライ」という雑誌があり、筆者の住む人口30万の所沢市の電話帳タウンページを見ると、「沙羅英慕」という喫茶店が数か所に見つかった。1995年ごろ。

3．民族名＋名詞（アフガン人の国、ペルシア人の町、など）

Afhghanistanアフガニスタン「アフガン人の国」。-stanはイラン語起源の国名接尾辞。サンスクリット語sthānam「場所」。印欧語根*stā- 立っている。cf. stand, station. 同じ接尾辞はDaghestanコーカサスの山岳地帯。dagh「山」トルコ語。Kazakhstan, Kyrgyzstan（yは

中舌母音 ï, トルコ語1)，Turkestan, Uzbekistan に見られる。Pakistan の Pak は Punjab, Afghanistan, Kashmir の頭文字。

Frankfurt フランクフルト。ドイツ語で「フランク人の渡瀬」。フランク人（ライン河畔のゲルマン族）がサクソン人に追われて、マイン川まで逃げてきたとき、目の前に川を見て「絶体絶命」と思ったが、鹿が川を渡るのを見て、川が浅いこと知り、難を逃れた。その後、霧が立ち込めて、サクソン人は追跡を断念した。-furt は Oxford の ford（浅瀬）と同じ語源。

Gotland ゴットランド。スウェーデンの島。「ゴート人の国」の意味。ゴート人が、かつて、ここにいたことが分かる。彼らはバルト海を渡り、ポーランドを通って、クリミア半島に至った。

Persepolis ペルセポリス。ギリシア語で「ペルシア人の町」。

4. 支配者＋町（国）

Augsburg アウグスブルグ。ドイツの町。ローマ皇帝 Augustus の町。

Constantinople コンスタンチノープル。東ローマ帝国（ビザンチウム）の首都。皇帝 Konstantinos の町。

Edinburgh エディンバラ。スコットランドの都市。Edwin 王の町。

Peterborough ピーターバラ。ロンドン近郊「St.Peter の町」英語史の『ピーターバラ年代記』で有名。

Pittsburgh ピッツバーグ。英国政治家 William Pitt（1708-1778）の町。

Regensburg レーゲンスブルク。ドイツの都市。ラテン語 castra regina（王の町）をドイツ語ふうに表現したもの。

5. 植民者が新天地に「新しい」という町を建設した。New York は英国ヨーク公 James に敬意を表して名づけられた。New Hampshire, New Mexico, New Orleans, Nova Lisboa（新リスボン、アフリカのアンゴラの貿易中心地）、Novi Sad ノビサド。新しい庭、セルビアの大学町、ドナウ河畔。

6. 普通名詞より。

Aachen アーヘン。ドイツの町。カール大帝の宮殿があった。ドイツ語で「温泉にて」の意味。-en は複数与格。aach＝ラテン語 aqua

水。フランス名 Aix-la-Chapelle. 英国に地名 Bath がある。

Avon（Stratford-upon-Avon）エイヴォン。シェークスピアの生誕地。ケルト語「川」cf. Punj-ab（5つの川）。

Balkan バルカン。トルコ語で「森林山脈」。

Bath バス。イングランド南部の温泉都市。ローマ人は紀元前1世紀にイングランドに駐留し、各地にローマ式の温泉（thermae；公衆浴場）を建設した。Chaucer の『カンタベリー物語』に The Wife of Bath's Tale（バスの女房の話）がある。ドイツには Bad Godesberg など「…温泉」という地名が多い。スイスの「アルプスの少女」の舞台マイエンフェルト村の一つ手前に Bad Ragaz（バート・ラガツ，Ra にアクセント）という温泉がある。

Bosporus ボスポラス海峡。黒海と Marmara マルマラ海を結ぶ。ギリシア語「牛の渡瀬」Oxford と同じ意味。

Chester チェスター、イングランド。フランス語からの借用語「城」。フランス語 château シャトー。英語の burg, borough, burgh, bury（Canterbury）にあたる。Manchester, Winchester, Lancaster. caster はノルマンディーのフランス語。ラテン語 castra 陣営より。

Don, Donau, Danube ドン、ドナウ、ダニューブ。古代ヨーロッパ語で「川」。アヴェスタ語（イラン系）danu-「川」、オセート語 Ossetic（コーカサス山中のイラン語）don 川，Donets ドネツ川「小さな川」の意味。Dnjepr ドニエプル，Dnjestr ドニエストル（Don の派生語）。

Dover ドーバー海峡。アイルランド語で「水」。

Gobi ゴビ砂漠。モンゴル語で「砂漠状草原」。

Hague, The（Den Haag）ハーグ。オランダ南部の都市。政府・国会がある。オランダ語「垣根 hedge」。

Jordan ヨルダン川。ヘブライ語で「川」。

Las Vegas ラスベガス。アメリカ南部の都市。賭博で有名。スペイン語で「肥沃な土地」las は定冠詞の女性複数。同様に Las Palmas「シュロ」スペイン、カナリア諸島の町。

Lithuania リトアニア。ラテン語「沿岸地方」ラテン語 lītus「岸」。

Lund ルンド。スウェーデンの大学町。スウェーデン語「森、神の」ノルウェーの首都 Oslo も神（os）の森（lo）。

Oxford オックスフォード「牛の渡瀬」＝ Bos-porus.

Poland ポーランド。「野 pole の国」。

Pomerania ポメラニア。ロシア語「沿岸地方」バルト海沿岸の北ドイツ地方。po-「に沿って」；morje「海」。Polabia ポラビアは「エルベ河畔の地方」。

Punjab パンジャブ地方、五河地方。punj プンジュ「5」ab アブ「川」。サンスクリット語発祥の地。

Sahara サハラ砂漠。アラビア語で「砂漠」。

Timor ティモール。東ティモール、旧ポルトガル領。1999年8月、インドネシアから独立し、脚光を浴びた。人口88万。timur はマライ語で「東」。スマトラやジャワの東に位置している。

Turku トゥルク。フィンランド第2の都市。「市場」の意味。スウェーデン語 torg トルィ（市場）、ロシア語 torg 商売。

　地名は主格で残っているとはかぎらない。München ミュンヘンは ze den monchen「僧侶たちのいる」町。複数与格。ドイツ語の地名には -en で終わるものが多い。Göttingen は Gott（or Gött）の一族の村で、Tübingen は Tub（or Tüb）の一族の村で、Thüringen は Thur（or Thür）の一族の村で、の意味である。-ing は所属を表す接尾辞で、イギリスの Bucking-ham, Birming-ham, Notting-ham にも見える。ham は 'home' hamlet は「小村」である。同様にフランスには Reims ランス（< Remis）、Poitiers ポワチエ（< Pictavis）、Nantes ナント（< Namnetis）、Tours トゥール（< Turonis）など、-s に終わる地名が多く、これはラテン語複数与格（Athenis アテーナイにて）の名残である。Marseille, Lyon には -s がないが、英語綴りは Marseilles, Lyons のように -s が残っている。逆に London のフランス語は Londres ロンドルとなり、発音はしないが、-s がついている。ドイツ語 Baden（バーデン、州の名）も Bad（温泉）の複数与格で、Aach-en アーヘン（ラテン語 aquis < aqua）と同じである。

place name and culture（地名の意味と文化）

　「新しい町」のタイプは、いたるところに見られる。Napoli, Novgorod, Iliberri（イリベリ、バスク地方；ili は町、berri は新しい）、Neustadt ノイシュタット, Villeneuve ヴィルヌーヴ, Novio-dunum（ラテン語形で、中世の地図に数個所）、Newton は new town より。Carthago カルタゴはフェニキア語 qart khadash「新しい町」より。

　「美しい町」Belleville ベルヴィル（フランス、サブロン Sablons 河畔）；Bucharest ブカレスト（ルーマニアの首都；bucur ブクル, 美しい）；Belle Isle ベル・イール（美しい島, カナダの島）；人名だが Mirabeau 美しい眺め（地名からくると思われる）；Schöne Aussicht 美しい眺め。

　「村落」Bonn, Bologna, Dunum（'town' 囲い地）, Graz グラーツ（オーストリアの大学町；gradets グラデッツ, 小さな町, cf.Lenin-grad）。

　「川」の意味をもつもの。Åbo オーボ（フィンランド；å 川）；Århus オールフス（デンマーク；河口の意味）；Rijeka リエカ（クロアチア；川の意味）；Fiume フィウーメ（Rijeka のイタリア名）；Oká オカ（南ロシア；ラテン語 aqua「水」と同源）。Jordan ヘブライ語で「川」。

　「市場」Turku トゥルク（フィンランド第二の都市）；Trieste トリエステ（＜ Tergeste）；Torgau トルガウ（Leipzig の町；au, aue は草地, 水の豊かな；ラテン語 aqua 水）。torg はスウェーデン語。デンマーク語は torv, フィンランド語は tori, 以上「市場、広場」；ロシア語 torg-ovlja タルゴーヴリャ「貿易」。

　「月曜日」の意味をもつもの。Dushanbe ドゥシャンベ（アクセントは shan に、ロシア語アクセントは be に）2001 年 10 月、アフガニスタンにおけるタリバン撲滅作戦の後方支援で脚光をあびたタジキスタン Tajikistan の首都 Dushanbe はタジク語（ペルシア語の方言）で「月曜日」の意味である。毎週月曜日に「市場」が開かれることから、こう呼ばれた。du は印欧語で「2」、shanbe はヘブライ

語で「週、日曜日」Sabbath, ギリシア語sámbaton, ロシア語subbóta スボータ。Dushanbeは「印欧語＋ヘブライ語」の複合語である。Dushanbeはスターリン時代にはStalinabad（スターリンの町）と呼ばれた。「第2日」が原義である。日本でも「五日市」は毎月5日、15日、25日に市場が立つので、こう名づけられた。

産物名から。Kyprosキュプロス（地中海の島）はcopper（銅）より。Galápagos（カメ）ガラパゴス諸島、エクアドル。Hollandオランダの州。holt-land「森の国」より。holtは「森」ドイツ語Holzホルツ「材木」。

神話から。Athenaiアテナイ。ギリシアの首都。ラテン語綴りはAthenae. -ai, -aeは複数語尾なので、英語はAthens, フランス語もAthènesと綴るが、ドイツ語はAthenアーテン。知恵と勇気の女神アテーナーより。Andersenの生地OdenseオーデンセはOdins véオーディンの神殿より。véはドイツ語Weihnachten（聖なる夜に、クリスマス）のweih-（神聖な）と同じ語源。ノルウェーの首都Osloは「神osの森lo」osは北欧神話の神である。

宗教から。Montmartreモンマルトル（パリ郊外にある殉教者の丘：画家たちの聖地である）。mont「山」、martre「殉教者」。Viborgヴィボーウ、デンマークの町、聖なる城の意味。フィンランド名Viipuriヴィープリ。スウェーデン語からフィンランド語に借用されると、bank銀行→pankki, borg城→puriのような子音変化が起こる。Archangelskアルハンゲリスク、大天使の町。ギリシア語arch-主要な、ángelos天使。-skは形容詞語尾。

まとめ：1. 地名は人名と同様、普通名詞に由来する場合が多い。イギリスのYorkヨークは語源eofor-wīcエオヴォル・ウィーク（イノシシ村）が示すように、昔は小さな村だった。パリがクシャミをすると、ヨーロッパ中がクシャミをする、といわれたように、New Yorkは、いまや世界の羅針盤である。ギリシア人は新天地を求めてイタリアに渡り、植民地を築いてネア・ポリス（新しい町）と呼び、それがナポリになった。人間はよりよい生活を求めて移住する。

これをラテン語でhomo movens（ホモ・モウェーンス）、移住する人間、移住の本能をもつ人間、という。

2. ヨーロッパは、ゼウスが見初（みそ）めたフェニキアの王女エウローペー Eurôpē から始まる名だが、その原型が形成されたのは、カール大帝 Charles the Great, Charlemagne が西暦800年に統一帝国を建設したときだった。キリスト教の普及、アメリカ大陸の発見、産業革命、18-19世紀の近代市民社会を経て、20世紀は第一次、第二次世界大戦により、ヨーロッパは疲弊した。2002年、ヨーロッパは通貨ユーロ Euro の導入が実施され、アメリカ以上の経済圏が活動を開始した。2022年1月にはドル100円、ユーロ120円、のように20円の差があったが、これを書いている2022年8月、ドルが急速に高くなり、ドル138円、ユーロ138円、と同額になった。

3. 地名は、その語源をたどると、歴史を語ってくれる。東欧への玄関であるウィーンは、ローマ時代にはVindobona ウィンドボナと呼ばれ、それはケルト語で白いvindo 町bona の意味だった。西ドイツの首都（1949-2000）だったボン Bonn は、むかしは、ケルト語で「村」の意味だった。今はヨーロッパの西北端に追いやられてしまったケルト人が、西暦紀元ごろには、ヨーロッパに広く居住していたことが分かる。ボヘミア Bohemia（今日のチェコ）はケルト系のボイイ一族Boii の故郷Boio-haemum の意味である。haemumはゲルマン語でhomeの意味である。

popular names（人気の名前）

　人気の名前は時代により異なるが、手元にある角川のモバイル英和辞典（2000）は次の31個をあげている。その語源を検討する。

1. Alexander（愛称Alec(k)，Alex）．紀元前4世紀、ギリシア全土およびペルシアを征服したアレクサンダー大王（Alexander the Great, 356-323 B.C.）が有名。マケドニアの王であったが、ギリシア最強といわれたテーバイ（Thebai, Thebes）軍を粉砕し、ギリシアの王となった。前334年、宿敵ペルシアを撃つべく、マケドニア軍、ギリシア同盟軍、傭兵（ようへい）など歩兵3万人、騎兵5000

人、同盟軍提供の160隻の艦隊を率いて遠征に出発、前333年、ペルシア王ダーレイオス（ダリウス）3世の率いるペルシア軍を大敗させた。前332年にはフェニキアの諸都市を占領、前331年、ナイル河口のファロス島に面する場所にアレクサンドリアを建設し、ヘレニズム時代の繁栄のもとを築いた。前330年、ペルシアの旧都ペルセポリス（ペルシア人の町の意味）を占領し、その宮殿を炎上させた。前329年、ヒンズークシ山脈（インド人殺しの意味で、険しい山岳地帯をこう呼んだ）を越えて、バクトリア、ソグディアナ、インドに達した。前324年、ダーレイオスの娘スタテイラと結婚。しかし、前323年、熱病にかかって、33歳で生涯を終えた。彼は東方征伐の間に征服した土地に70以上の都市を建設し、ギリシア人、マケドニア人を住まわせた。こうしてギリシア文化とオリエント文化の融合が盛んになり、ヘレニズム文化を生む結果になった。

2. Andrew（Andy）. ギリシア語andreîosアンドレイオス「勇敢な」の意味。anêrアネール「男」の属格andrósアンドロスより。ドイツ語Andreasアンドレアス，フランス語Andréアンドレ。アンデルセンAndersenはアンドレアス（勇敢な人）の息子の意味である。

3. Anthony（Tony）. ラテン語Antonius（Antius一族の出身の）。歴史上有名なのはカエサルの部下のMarcus Antonius（前82-前30頃）。カエサルが暗殺されたあと、ローマ政界の第一人者として事態の収拾に対処した。ローマ領のうち、とくに東方属州の統治を行い、前41年キリキア（Cilicia）のタルソス（Tarsus）でエジプトの女王クレオパトラ7世に出会った。前34年、クレオパトラとその子供たちをローマ領である東方属州の君主と宣言して、ローマから反感を買った。カエサルの甥オクタウィアヌスがローマ皇帝（のちにアウグストゥス帝と称される）についたが、前31年、アントニウスと決戦が行われ、後者が敗北して、アレクサンドリアで自殺を遂げた。

4. Benjamin（Ben）. ヘブライ語で「左手の息子」（＝幸福の息子）の意味。Benは「息子」の意味で、アラビア語Ibn, binなどにあたる。Benjaminであげねばならないのは、Time is money.の格言を世

界に広めた Benjamin Franklin（1706-1790）だ。アメリカの政治家で、その独立に尽力し、1776年「独立宣言」の起草委員となり、大陸会議を代表してフランスに渡り、同盟を結んだ。12歳のとき、兄の経営する印刷所に年季奉公に入り、修業を積んだ。24歳で新聞「ペンシルバニア・ガゼット」を発行、一般市民に勤勉と教訓を説いた。「時は金なり」は、この時代の産物だが、原文は Remember that time is money. 時は金なりということを銘記せよ、となっている。その他、Where there's marriage without love, there will be love without marriage.（愛のない結婚があるなら、結婚のない愛もあるはずだ）とか、Early to bed and early to rise makes a man healthy, wealthy and wise.（早寝早起きは健康と富と賢明をもたらす）、No nation was ever ruined by trade.（貿易で国家が滅びたことはない、国家の破滅をもたらすのは戦争だ）、The golden age never was the present age.（現代は黄金時代とはほど遠い、黄金時代は過去の話だ）などが、引用句辞典に採録されている。Time is money. の概念は、すでに古代ギリシア時代に「時間は贅沢な浪費だ」とあるが、Benjamin の名句は簡潔な表現で、世界中に広まった。普通名詞の franklin は 14-15世紀の英国の「自由地主」を指す。

5. David. ヘブライ語で「愛された者」。この名の第一人者は、イスラエル王国第2代の王ダビデ（在位前1000年ごろから前960年ごろ）である。旧約聖書・新約聖書の両時代にわたって国民的英雄であった。最初は無名の羊飼いであったが、ペリシテ人の巨人戦士ゴリアテを撃ち殺し、サウル王（Saul）に認められた。その後も数々の武勲を立て、やがて王位につき、イスラエル王国の絶頂期を築いた。エルサレム（平和の町の意味；salem 平和）は「ダビデの町」とも称される。ダビデの生涯は旧約聖書の「サムエル記」（上・下）に描かれている。

6. Eric エリック。ノルド語で「唯一有力な」の意味。e-＜ *aina-「1」ric は rich, Henry（Hein-rich, 'home-rich', 祖国で有力な）, Richard（rich and hard, 強力で大胆な）にあり、rich は「人力と財力で有力な」か

ら「裕福な」の意味に変化した。赤毛のエリク Erik the Redと呼ばれるノルウェーのヴァイキングが982年、氷の島を発見し、グリーンランドと名づけた。氷の島だが、移住者を呼ぶために魅力的なgreenの名前をつけた。この島に植民が始まるのは1721年からで、1729年以後、デンマークの管理下にはいる。グリーンランド語（Green-landic）はエスキモー系で、約4万人に用いられる。その言語は宣教師サムエル・クラインシュミット Samuel Kleinschmidt（1814-1886）に記述され、Grammatik der grönländischen Sprache. Berlin, 1851, reprint Olms 1968, xii, 182 pp.（北米のラブラドル方言を含む）として出版された。ベルリン大学はこの研究に対して名誉博士号の授与を申し出たが、本人は宣教に称号は不要だと、辞退した。

7. James（Jacob, 愛称 Jack, Jim, Jimmy, デンマーク Jeppe）. ヘブライ語だが、原義は不明、とある。Jamesで英語に関係するのはKing James I（1566-1625）のKing James Version of the Bible, 正式名称はThe Authorized Version of the Bible（欽定訳聖書, 1611）である。英国国教の公認聖書として採用されたためにAuthorizedの形容詞がつけられる。Wycliffe（1389）, Tyndale（1526）の聖書と並んで、英語の歴史で最重要の文献である。

8. John（Johannes, Jean, Juan, Giovanni, Jan, Ivan）. ヘブライ語で「神は慈悲深い」。ヨハネはイエスの12人の使徒（apostles）の1人。洗礼者ヨハネ（バプテスマのヨハネ John the Baptist）も有名。洗礼は水につけて罪を洗い流すこと。baptismaはbaptízōバプティゾー（洗礼する、水につける）より。名詞語尾 -maはaroma, drama, dogma, pragma（実践）と同じく名詞語尾。

9. Joseph（Joe, Josef, Josip, Ossip, José, Giuseppe）. ヘブライ語で「神よ（子孫を）増やしたまえ」。ヨセフは大工で、イエスの父。婚約者マリアが身ごもったので、ヨセフは外聞を恐れたが、主の天使が夢の中に現れて、彼に告げた。「心配するな、彼女は聖霊 Holy Spir-itにより身重になったのだ。彼女は男の子を産むだろう。その子をイエスと名づけよ。彼は民を罪から救うであろう」。イエスがベツ

レヘムで生まれたとき、王ヘロデは自分の地位が脅かされていることを知り、すべての赤子を殺させた。主の天使がふたたび夢の中に現れて、ヨセフに言った。「幼子（おさなご）を連れてエジプトに逃れよ。次に知らせがあるまで、ユダヤに戻るな。ヘロデがお前の子供を殺そうとして探している」。こうして救世主イエス・キリストは難を逃れた。キリスト Christ, Christus とはあだ名で「聖油を塗られた者」の意味である。-tus（ギリシア語 -tos）は過去分詞の語尾。また別のヨセフはヤコブの 11 番目の息子であったが、エジプトの役人の家で奴隷奉公をしていた。成長してエジプトの宰相となり、国を飢饉から救った。

10. Josip は旧ユーゴスラビアの大統領 Josip Broz Tito（1892-1980）の名。第二次世界大戦中、パルチザン部隊を結成して、その最高司令官となり、枢軸軍（ドイツ、イタリア）と戦った。戦後、ユーゴスラビア連邦（Croatia, Serbia, Bosnia-Herzegovina, Macedonia など 6 共和国と 2 自治州）の大統領となり、独自の路線を貫いたが、その死後、連邦は、それぞれの共和国に分かれた。Ossip はロシア生まれの言語学者 Román Ossípovič Jákobson（1896-1982）に見える。オシーポヴィチはオシプの息子の意味。スペイン語 José ホセは中米コスタ・リカ Costa Rica（豊かな海岸）の首都 San José サン・ホセに見える。同じ名だが、カリフォルニアの産業都市 San José はサンノゼと読まれる。イタリア名 Giuseppe ジュゼッペは Pinocchio ピノッキオを作ったジュゼッペじいさんの名である。

11. Michael（Mike, Michel, Miguel, Mikhail, Mihály ミハーイ）。ヘブライ語で「神のごとき者」。語尾の -el が「神」。ミカエルはイスラエル民族を守るためにサタンと戦う守護天使である。イタリアの彫刻家、画家、建築家ミケランジェロ（Michelangelo Buonarroti, 1475-1564）は「天使ミケル」の意味。イタリア語では che はケ, ce はチェと発音する。Miguel de Cervantes（1547-1616）は『ドン・キホーテ』の著者。セルバンテスの v は b のように発音する。イタリア語の che「ケ」がスペイン語では gue「ゲ」となる。イタリア語

fuoco フオーコ（火）がスペイン語ではfuego フエーゴとなる。ラテン語はfocus かまど、英語focus焦点。ロシア名Mikhail ミハイルはGorbachevの名である。ハンガリー語ではMiháyとなり、ミハーイと読む。

12. Richard（Dick, Dicky, Rick, Ricky, Ricardo, Riccardo）. この名の歴史上の人物はリチャード1世（1157-1199）でイギリスの王（在位1189-1199）。1189年、父の没後、王位についたが、同年十字軍遠征に参加、1191年、イェルサレムの近郊で敵の王サラディンとの戦いで勇名をはせ、「獅子心王」Lion-heartedのあだ名を得た。1192年、帰途ウィーンでオーストリア公レオポルド（Leopold, Liutpold 人民のために勇敢な；pold＝bold）に捕らえられ、1193年、神聖ローマ皇帝ハインリッヒ6世に引き渡された。イギリスは総額10万ポンドの身代金を払って、王は釈放された。

13. Robert（Bob, Rodebert, Roberto＜hruod-berht 名誉に輝く）. この名をもつイギリスの詩人Robert Bridges ロバート・ブリッジェス（1844-1930）が有名だ。イギリスの社会運動家Robert Owen（1771-1858）もいる。産業革命時代に活躍し、幼稚園、協同組合、工場法の生みの親として知られる。

14. Stephen（Steve, Stefan, Étienne, Stéfano）. ギリシア語で「花輪、冠、王冠」。ラテン語corona にあたる。フランス語ではエチエンヌ、ハンガリーではIstván イシュトヴァーンとなる。George Stephenson（1781-1848）は英国ニューカッスルに近い炭鉱の坑夫の息子であったが、18歳になったとき、はじめて学校教育を受け、22歳で鉱山技師となり、1813年、蒸気機関車を製作、1814年に運転に成功した。1825年、Stockton-Darlington（-ton はtown の短縮形）の区間21キロの鉄道が完成し、最初の機関車ロコモーション号（loco-motion は場所が動くことの意味）が38台の車両を引いて時速20〜26キロで運行した。これによって馬車にかわる鉄道運輸の時代が始まった。それで英国が鉄道発祥の地と呼ばれる。

15. Thomas（Tom, Tommy）. ヘブライ語で「ふたご」の意味。この

名をもつディラン・トマス Dylan Thomas（1914-1953）はイギリスの詩人でウェールズのスウォンジー Swansea 生まれ。第二次世界大戦中、B.B.C. で詩の朗読を行った。Thomas Aquinas トマス・アクウィナス（1225-1274）はイタリア生まれのスコラ神学者。ナポリ大学でアリストテレス哲学を学び、パリ大学神学部教授として聖書の講義を行った。主著『神学大全』Summa Theologiae は神・創造論、倫理論、キリスト・秘跡論、の3部からなり、中世学問の集大成とされる。

16. William（Bill, Wilhelm, Guillaume ギョーム, Guglielmo グリエルモ）. ゲルマン語で「意志のかぶと、かぶとのごとき強固な意志をもつ者」。英国と英国史にとって最重要の人物はノルマンディー公ウィリアム（1027 or 1028-1087）である。1066-1087年、イングランド王として君臨し、征服王ウィリアム（William the Conqueror）と称される。ノルマンディー（Normandy, Normandie）はノルマン人（Normand 北欧人、デンマーク人；nor 'north', mand 'man'）の地の意味で、911-933年フランスからノルマン人に割譲された。ウィリアム（フランス読みは Guillaume ギョーム）はイングランド教会の統一、ローマ教会との関係修復、土地台帳（Domesday Book, 1086）の編纂などを行った。彼の時代にフランス語が公用語となり、英語の中に大量のフランス語が流入した。

　女子名からは次のものをあげておく。

1. Alexandra（Sandy, Sandra, Alice）. Alexander の女性形。Alexandra Feodorovna（フョードロヴナ；1872-1918, 在位1894-1917）はロシア最後の女帝。英仏共通の Alice アリスは『不思議の国のアリス』（Alice's Adventures in Wonderland, Louis Carrol, 1865）で有名。

2. Andrea（Anda, Andra, Andrée）. Andrew の女性形。

3. Christina（Christine, Christiana, Christa, Chris, Kerstin, Kirsten）ラテン語で「キリスト教徒」。アンデルセン童話「イブと幼いクリスチーネ」（1855；Ib og lille Christine）がある。

4. Elizabeth（Beth, Betty, Betsy, Bessy, Liz, Lizzy）. ヘブライ語で「神

は誓えり」。

5.　Emily（Emilia, Emilie）。ラテン語で「熱心な人」。

6.　Jennifer（Jenny）。ウェールズ語で「白い、艶、つやのある」。

7.　Katherine（Katharina, Kathe, Kate, Karen, Cathy）。ギリシア語「純
粋な女」。katharsis カタルシス（浄化）は芸術による感情の解放を
指す。-sis はギリシア語で抽象名詞を作る語尾で、analysis, thesis,
synthesis に見える。カーレンはデンマーク語の形で、アンデルセン
童話『赤い靴』の主人公である。教会に赤い靴をはいてきてはいけ
ない（赤は悪魔の色）と言われていたのに、もらったばかりの美し
い赤い靴を履いて教会に来てしまった。その禁を破ったために、神
から罰せられて、踊っているうちに、靴が脱げなくなり、足を切断
せねばならなかった。

8.　Laura（Laurentia）。ラテン語laurus月桂樹。

9.　Maria（Mary）。ヘブライ語（ヘブライ形Miriam）。意味は諸説あ
り。Marilynはその派生形。聖母マリアの名をいただくとは恐れ多
い、として中世には避けられたが、その後、好まれるようになった。

10.　Michelleミシェル。Michel, Michaelの女性形。

11.　Nicoleニコル。ギリシア語Nicholas（民衆の支配者）の女性形。

12.　Sarah（Sally, Sara）。ヘブライ語「君主夫人、侯爵夫人」。旧約聖
書の「創世記」に出るアブラハムの妻。イサクの母。

13.　Stephanie. Stephen, Stevenの女性形。

14.　Tiffany. ギリシア語Theophania「神の姿」。アメリカ映画「ティ
ファニーで朝食を」（ヘプバーン主演）で有名になった宝飾店
「ティファニー」。創業者の息子Louis Comfort Tiffany（1848-1933）
はアメリカの工芸家で、陶磁器、家具、インテリア、染織（せん
しょく）で活躍した。アール・ヌーボーのガラス工芸で有名。

15.　Victoria（Vicky, Vickie）。ラテン語で「勝利」。歴史上の人物と
してヴィクトリア女王（1819-1901）をあげておく。父の死後、18
歳でイギリスの女王に即位、その治世（1837-1901）は64年におよ
び、20世紀まで英国史上最長であった。この時代は英国の最盛期

で、産業革命を成功させたイギリスが世界をリードし、彼女は英国の栄光の象徴であった。娘たちはヨーロッパ諸国の王家に嫁ぎ、ヨーロッパの政治的安定に貢献した。

prefix（主要接頭辞）

a-（エ, on）：a-long に沿って；a-shore 海岸に；a-way 道の向こうへ

a-, an-（ギ, 否定）：a-theism 無神論, an-archy 無政府状態（無支配）

ab-（ラ, from）：ab-use 乱用；ab-normal 異常な

ad-（ラ, to）：advice 忠告；an-nex 別館；at-tract 引きつける

be-（エ, by）：be-come…になる；be-long 属する；besiege（エ＋フ）包囲する

con-（ラ, with）：col-lege 単科大学（原義：一緒に読むところ）；com-pete 競う；co-operate 協力する（原義：一緒に仕事をする＜ラ opus 仕事、複数形 opera がイタリア語 opera 作品、となる。op-era musica オペラ・ムージカ、音楽作品

de-（ラ, down）：degrade 降格される；部長から課長に格下げされる（pro-mote 昇格する）；de-merit 欠点；de-mote 降格させる（mote は move 動く、より）

dia-（ギ, through）：dia-meter 直径；dia-rrhoea 下痢（rhoea は「流れること」；panta rheî 万物は流転す［Herakleitos, bei Aristoteles］

dis-, di-（ラ, 否定）：dis-ease 楽でないこと、病気；dis-honor 不名誉；dif-ficult 困難な（dis-fac-；fac- はラテン語 'to do'）

eu-（ギ, good）：eu-phony よい音；Eu-gene（よい生まれの）

ex-（ラ, out）：ex-port 輸出する；（ギ）ex-odos（脱出＜hodós 道）

for-（エ, away）：for-bid 禁じる；for-get 忘れる、得させない；for-lorn 失われた（ド verloren；エ lose）

in-（ラ, ①否定；②into）：①ir-regular 不規則な；②in-come 収入、中に入るもの

inter-（ラ, among）：inter-est 間にある（興味がある）；inter-national 国際的な

n-, ne-, non（エ, ラ, 否定）：n-or…もない；ne-uter どちらでもない

（男性でも女性でもない；中性）；non-stop 停車なし（no-stop は辞書にない）

out-（エ）：out-come 結果（反対は in-come 収入）；out-live 生き延びる；out-look 見晴らし；out-side 外側

per-（ラ, through）：per-form 成し遂げる；per-fect 完全な；in-fect は「中に作る」から「感染させる」

pre-（ラ, in front）：pre-dict 予言する；pre-position 前に置くこと、置くもの、前置詞。in Tokyo をフィンランド語では Tokyossa トキオッサ、という。-ssa は後置詞（postposition）

pro-（ラ, ギ,for, before）：pro-gress 進歩；pro-pose 前へ置く、提案する

sub-（ラ, under）：sub-ject 主題、下に置く（ject はラテン語で「投げる」；sub-marine 潜水艦（海の下を行くもの）；sub-way 地下鉄（underground 地下道）

super-（ラ, above），フ sur：superfluous 上に流れ出る、余分な；sur-vive 生き長らえる

syn-（ギ, with）：sym-pathy 同情、一緒に感じること；sym-phony 交響楽；syn-chronize 同時に起こる

trans-（ラ, across）：trans-port 輸送する（向こうへ運ぶ；translate 向こう側へ渡す、翻訳する（lat- はラテン語 ferō フェロー、運ぶ、の過去分詞）

un-（エ, 否定）：un-kind 不親切な（＝ラ in-、ギ a-）

prefix of quantity（接頭辞、数量の）

半：semi-（ラ）：semi-conductor 半導体, semi-annual
　　hemi-（ギ）：hemi-sphere 半球（ギでは s → h）

少：oligo-（ギ）：oligo-poly 少数独占（cf.mono-poly）

多：multi-（ラ）：multi-lingual 多言語の
　　poly-（ギ）：poly-glot 数か国語を話す人

全：omni-（ラ）：omni-potent 全能の（神）
　：holo-（ギ）：holo-caust（全員の）大虐殺

1：uni-（ラ）：uni-form, un-animous, uni-ted

　：mono-（ギ）：mono-tony, mono-gamy

2：bi-（ラ）：bi-cycle；du-（ラ）：du-al 双数（2の数、両手、両足）,

　　du-el 決闘（2人の間の戦い）

　　di-（ギ）：di-phthong 二重母音, di-lemma 板挟み

3：tri-（ラ, ギ）：tri-angle 三角形；tri-phthong 三重母音（例：hour

　　［auə］時）

4：quadru-（ラ）：quadru-ped 四足獣

　　tetra-（ギ）：tetra-gon 四角形

5：quin-（ラ）：quin-tet 五重奏

　　penta（ギ）：penta-gon 五角形（米国務省）

6：hexa-（ギ）：hexa-gon 六角形

7：sept-（ラ）：Sept-ember 9月（3月から7番目）

　　hepta-（ギ）：hepta-gon 七角形, hept-archy 七王国（イギリス7-8

　　世紀の7つの王国）

8：octo-（ラ, ギ）：octo-pus 8本足（タコ）

9：novem（ラ）：Novem-ber, nove-na 9日間の祈り

10：deca-（ラ, ギ）：deca-liter デカリットル

100：cent-（ラ）：centi-meter センチ（1メートルの100分の1）heca-

　　（ギ）：heca-tomb 牛百頭の生けにえ

1000：milli-（ラ）：mill-ennium 千年間、千年祭

　　：kilo-（ギ）：kilo-meter キロメートル（1000m）

Putin「道を行く人」ロシア語で 'way-farer' 旅人の意味。＜ put' 道；
cf. Stalin（人名の -in は Lenin にもあり）

R

Russian（ロシア語）からの借用語は intelligentsia（知識階級）、
mammoth（マンモス）、mazurka（マズルカ：ポーランド Mazovia 地
方のダンス）、pogrom（虐殺）、polka（ポルカ、ポーランドダンス）、
steppe（ステップ、草原）、tundra（ツンドラ、永久凍土）、vodka
（ヴォトカ）。ワインやビールと同様、ヴォトカは嗜好品として世界

に広まった。vod-ka は vodá（ヴァダー）「水」の派生語で、water と同じ語源である。1947 年以後、シベリアから日本兵が持ち帰ったノルマ（norma）は「仕事の割り当て」の意味で、日本へは広まったが、英語には入っていない。ダモイ（domój；帰国）は dom（家）の古い与格（dative）domovi「家へ」の意味である。シベリアの日本兵は一日も早く日本への帰国を望んでいた。

S

season（季節の名）

　season（季節）はフランス語からの借用語で、語源のラテン語 satio サティオーは「種を蒔くこと」であった。これが種蒔きの「季節」の意味になった。語根 *sē- セーは英語 sow、ドイツ語 säen ゼーエン、フランス語 semer スメ、語根重複 *se-sō ＞ serō セローがラテン語の「蒔く」となった。ドイツ語の「季節」Jahreszeit ヤーレスツァイトは「年 Jahr の時 Zeit」の意味である。ロシア語の「季節」vrémja góda ヴレーミャ・ゴーダも年の（goda）時 vremja ヴレーミャである。

　ゲルマン人は冬と夏しか知らなかった。長い、厳しい冬が去ると、やっと 1 年が過ぎたと安堵（あんど）する。そこで、北欧のサガ（散文物語）には He is eight winters old. 彼は 8 歳、とか、He was twelve winters old. 彼は 12 歳だった、のような言い方をする。アイスランド語辞典には「夏は 4 月 26 日に始まる。ユリウス暦では 4 月 16 日にあたるが、この暦法は 1700 年に廃止された」とある。つまり、アイスランドでは冬は 4 月 25 日まで続くのである。ユリウス暦とはユリウス・カエサルが制定したもので（45 B.C.）、のちに、より精密なグレゴリウス暦が世界各国で採用されている。

　「冬」と「夏」はすべてのゲルマン語に共通であるが、彼らがローマ人と接触して「春」と「秋」という新しい季節を知ったとき、それぞれの言語が工夫した。

　　英語　　　　　　　spring（春）
　　ドイツ語　　　　　Frühling フリューリング（早い季節）

オランダ語　　　voorjahr フォールヤール（前＋年）

lente レンテ（日が長い）

デンマーク語　　forår フォアオア（前＋年）

スウェーデン語　vår ヴォール（ラテン語 vēr ウェール）

ノルウェー語　　vår ヴォール（同上）

アイスランド語　vor ヴォール（同上）

ドイツ語Frühlingのfrühは「早い、早くearly」, -lingは名詞接尾辞でJüng-ling若者, Flücht-ling難民、に見られる。オランダ語のvoor-jahrは「年の前のほうの季節」で、デンマーク語のfor-årと同じ表現である。オランダ語lenteにはlang（日が長い）が入っている。スウェーデン語以下はラテン語vērを借用したが、この語はギリシア語éarエアル（＜*wesar）、サンスクリット語vasanta-, ロシア語vesná ヴェスナーのように、印欧語域に広く見られる。

フ été エテ（＜ラテン語）（夏）

ス verano ベラーノ（ラテン語vēr「春」の派生語）

ポ verão ヴェランウ

イ estate エスターテ

ラ aetās アエタース

ロ leto リェート（年の意味もある）

ロシア語のletoは「5年」以上の数に用い、「1年」「2年」「3年」「4年」まではgodゴト（原義：適切な時間、好機）を用いる。「あなたは何歳ですか」はSkól'ko vam leto? スコーリカ・ワム・リェート（直訳：How many summers to you?)、「20歳です」はMne dvádcat' letムニェ・ドゥヴァーツァチ・リェート（直訳：To me twenty summers.）という。

「秋」の表現は「収穫期」が多い。

エ autumn（フランス語より）

ド Herbst ヘルプスト（収穫；英語harvestと同じ語源）

オ herfst ヘルフスト（収穫）またはnajaar ナーヤール（後＋年）

デ efter-år エフターオー 'after-year'

ス höst ヘスト（収穫、以下同）

ノ høst ヘスト

ア haust ホイスト

　ロマンス諸語はラテン語autumnus アウトゥムヌスに由来する語を用いる。これはエトルリア語起源とされる。

　「冬」のロマンス諸語はラテン語hiems ヒエムスの派生語hibernum tempus ヒベルヌム・テンプス（冬の季節）の形容詞を用い、フランス語hiver イヴェール、スペイン語invierno インビエルノとなる。hiems「雪」はHimalaya雪の積もったところ（layaは英語lie, ドイツ語liegen）、ロシア語zimá ジマー「冬」と同源。

serfdom（農奴制）1861年アレクサンダー2世の農奴解放令（emancipation of serfs）が出されるまで、農奴（serfs）は週7日のうち6日間を主人のために働かねばならなかった。日曜日だけ、自分の家族、妻と6人の子供のために働くことを許された。serfの語源はラテン語servus（召使）である。ラジシチェフ（Alexsandr Radishchev, 1749-1802）は『ペテルブルクからモスクワへの旅』（1790）の中でラジシチェフは農夫との間に会話をかわした。「日曜日に、こんな暑い日に、働いているんですか」「だんなさん、わしらは1週間のうち6日は賦役（ふえき、master's work, Herrenarbeit）に出ますので、家族のために、妻と6人の子供のために働くのは日曜日しかないのです。」国有農民と地主農民を比べると、両方とも村に住んでいるが、一方はきまったものを払っていればよいが、地主の農民は、地主が欲するだけ払わねばならない。無慈悲な地主よ、汝の百姓の一人一人の顔の上に、わたしは汝に対する断罪を見る。百姓を畑でこき使う傲慢な地主よ、恥を知れ。ラジシチェフは18世紀における革命的な文学者であり、思想家であった。政府の留学生としてライプツィヒ大学に派遣され、留学中、フランスの啓蒙思想家ルソー、モンテスキューの著作から強い影響を受けた。1790年の『ペテルブルクからモスクワへの旅』は旅行の途上の見聞を書き記したものである。農奴制と専制政治の生み出す悪徳と人民の苦しみを描いて

いる。

Spanish（スペイン語からの借用語）

　スペイン語から英語に入ってきたものは、スペイン本国からのもの（castellano カスティーリャ語）と中南米のスペイン語からのものがある。castellano はスペイン中部の、カスティーリャ地方（マドリッドを中心に）のスペイン語である。カステラはポルトガル人が日本にもってきたお菓子で、カスティーリャ地方のパン（pão de Castelha）の意味だった。

　alligator（ワニ）、armada（艦隊；武装した、の意味；過去分詞）、cacao（カカオ）、canoe（カヌー；カリブ海のスペイン語より）、canyon（峡谷；caña カーニャ「管」に augmentative 増大辞がついたもので、million, salon の例がある）、chocolate（チョコレート）、cigar（シガー、葉巻）、don（スペイン貴族、名士；ラテン語 dominus より）、embargo（船舶の港内出入り禁止；en + barra 柵の中に）、flotilla（小艦隊；-illa は指小辞）、grandee（大公；grande 大きい；Rio Grande 大河）、guerilla（ゲリラ、小戦争）、hammock（ハンモック）、hidalgo（スペイン下級貴族；hijo de algo イホ・デ・アルゴ「ちょっとした息子」）、mosquito（蚊）、potato（ジャガイモ）、sherry（シェリー酒；ワインの港 Xérez ヘーレス；16世紀の発音はシェーレスだった）、tobacco（タバコ）、tomato（トマト）、tornado（竜巻、タツマキ）。

　ポルトガル語はスペイン語に非常に近い。借用がスペイン語からか、ポルトガル語からか、判断しにくいものもある。madeira（白ワイン）はワインの産地 Madeira 島より。madeira は「材木」の意味で、ラテン語 materies（材料）からきている。marmelade（マーマレード）は語尾がフランス語化したもの。zebra（シマウマ）。

　ポルトガル語はスペイン語に非常に近いと言ったが、the boy ＝ス el muchacho エル・ムチャチョ ＝ポ o menino オ・メニーノ、the girl ＝ス la muchacha ラ・ムチャチャ ＝ポ a menina ア・メニーナ。スペイン語の定冠詞には l の要素があるが、ポルトガル語にはない。

Stalin（Joseph, 1879-1953）ソビエト連邦共産党書記長・首相。スターリンの写真を見たことのない人はいないと思うが、筆者が1967年9月、グルジアの首都トビリシを訪れたとき、土地の人は、スターリンを知らず、写真を見たことがない、と言った。人名の-in は Lenin や Putin に見える。語源は「鋼鉄の人」で、stal'（スターリ）「鋼鉄」、ドイツ語 Stahl（シュタール）「鋼鉄」から借用。英語 steel.

state names（アメリカの州の名）

　アメリカ合衆国は、いかにして今日の繁栄を得たか。それは、ヨーロッパ大陸からの移民の開拓に際してこうむった難儀、先住民族インディアンおよび黒人奴隷に対する抑圧、独立戦争（1775）、独立宣言（1776）、ワシントン初代大統領就任（1789）以来の国家と国民の努力に負うている。1880年代までの移民（旧移民）は北欧・西欧から、以後（新移民）は南欧・東欧からが主流を占める。

　アメリカ合衆国は一頭の巨大なゾウ（elephant）である。250年も歩き続けてきた。飼育係は大統領である。国内からも、多くの悩みをかかえ、身体の外側も内臓も傷つきながら、歩みに耐えている。国内問題の最大の課題は銃とピストルの問題である。男子は18歳になると、ピストルと銃を持つことができる。「自分の身を守るために」と称して。18歳の少年が、試し打ちのつもりで、なんの理由もなく、小学校に乗り込み、無実の小学生に向かってババーンと打ちまくっている。日本の安倍晋三が2022年7月8日11時30分、選挙応援のために奈良市を訪れ、演説を開始しようとしたとたんに、41歳の男にズドーンとやられ、倒れた。アメリカ人が言った。アメリカではめずらしくないが、銃の規制がやかましい日本でこんなことが起こるとは信じられない、と。バイデンよ、任期の間に、ぜひ、一刻も早く、銃とピストルの全面禁止を実行してもらいたい。

　アメリカは物資が、食料が、豊富だった。1948年、日本の商社員の妻として、アメリカに渡った女性が、毎日毎日、市場のバナナを死ぬほど食べたそうだ（朝日新聞の読者欄に載っていた）。あの

ころは、日本では、まだバナナはめずらしかった。

　以下に、50の州の名の起源を見てみる。州の起源は、

1.　先住民の言語（Mississippi, 大きな川）

2.　スペイン語（Florida, 花咲く国）

3.　フランス語（Vermont, 緑の山）

4.　New…の名（New York）

5.　英国王に敬意を表するもの（Virginia）

6.　個人名その他（Delaware）

に大別される。

　先住民は、当然だが、アメリカインディアン語が大部分で、25個、他はハワイ語（ポリネシア語）である。アメリカインディアン語の中ではスー語（Sioux）、アルゴンキン語（Algonkin）が多く、それらは川の名に由来している場合が多い。以下、説明のないものは川の名に由来し、その意味も不明なものが多い。

　Alabama, Alaska, Arizona（小さな水源）, Arkansas, Connecticut（長い川）, Idaho, Illinois（戦士）, Iowa, Kansas, Kentucky, Massachusetts, Michigan（大きな湖）, Minnesota（空色の水）, Mississippi（大きな川）, Missouri（泥水）, Nebraska（浅い水）, North Dakota, Ohio（美しい川）, Oklahoma（赤い住民）, Oregon, Tennessee, Texas, Utah, Wisconsin（川の合流点）, Wyoming（広い平原）.

　Minnesotaは上掲のように川の名で「空色の川」からきている。minneはスー語で「水」、sotaは「空色の」。アメリカの詩人ロングフェロー H.W.Longfellowの『ハイアワサの歌The Song of Hiawatha』1855, 三宅一郎訳, 作品社, 1993. はインディアンの社会と自然を描いた図版多数を含む。その第4章に滝の名Minne-haha 'laughing water' が出てくる。ハイアワサはOjibway族の若い英雄の名である。ロングフェローはハーバード大学のフランス語・スペイン語教授で、わが国でも広く読まれた。

　アラスカはアメリカがロシアから720万ドルで購入した（1867）とか、ハワイは平和な「神の国」だったのに、白人やアジア人が乗

り込んで西欧化してしまったとか、州の歴史は興味深い。アラスカはエスキモー語で「広大な土地」という意味で、面積は50州のうち最大だが、人口は最小である。エスキモー語もアメリカインディアン語に属する。アメリカとロシアの国境はベーリング海峡を隔てた、わずかの距離である。1741年、ロシアのピョートル大帝（Peter the Great）の依頼でデンマーク人ベーリング（Vitus Jonassen Bering, 1681-1741）がこの海峡を発見した。北アメリカ最高峰マッキンレー山（6194メートル）があり、産業は漁業高世界一のサケ、カニ、エビ、タラがとれるが、近年は石油、天然ガスの開発が脚光を浴びている。ロシアの毛皮商人が入植し、18世紀末にはロシア・アメリカ会社が毛皮貿易を独占し、繁栄した。19世紀中葉、ロシアはアラスカがイギリスに奪われるのではないかと恐れて、合衆国へ売却を交渉した。1867年、アメリカのスワード国務長官（William Henry Seward, 1801-1872；Abraham Lincolnが大統領の時代）は720万ドルでアラスカを購入した。1896年、金鉱が発見されると、アラスカ一帯でゴールドラッシュが起こった。

スペイン語からきているのはColorado, Florida, Montana, Nevadaの四つである。Coloradoは「色のついた（赤い）」という過去分詞で、río川が省略されている。Floridaは過去分詞「花の咲き乱れた」で、tierra（土地）が省略されている。Montanaは「山の多い」で、tierra（土地）が省略されている。Nevada「雪におおわれた」は、この国を探検したスペイン人が故郷のシエラ・ネバダ Sierra Nevada（雪の山脈）を思い出してこう呼んだ。Floridaはflorid, flower, flourと同様、ラテン語flōs（花、属格flōr-is）から。Montanaはラテン語mōns（山、属格montis）より。Nevadaはラテン語nix（雪, 属格niv-is）より。スペイン語「雪が降る」はnieveニエベ。

フランス語起源はIndiana, Louisiana, Vermontである。Indianaは1702年にフランス人が「インディアンの（国）」の意味でIndienneと呼んだのだが、ラテン語の語尾に変えた。Louisianaはフランス王Louis14世に捧げた名である。Vermontは緑の山。verts monts, 複

数。verdure（新緑）はvertと同じ語源。Vermontを英語に訳せばGreenbergとなる。

英国からの移民がNew…と名づける例は多い。New Hampshire（hamtun 'home-town' より）、New Jersey（Jerseyはドーバー海峡にある英領の島；-eyはノルド語で「島」）、New Mexico, New Yorkなど。WashingtonはNewがついていないが、英国北部の小さな町（人口54,000）からである。

英国の王を記念して名づけられた州はNorth Carolina, South Carolina, Georgia, Maryland, Virginiaである。North Carolinaは英国王チャールズ1世に、South Carolinaはチャールズ2世に献じた名である。Georgiaは英国王ジョージ2世に、Marylandは英国王チャールズ1世の妻Henrietta Mariaに献じた。Virginiaはエリザベス女王（Virgin Queen, 処女女王）に敬意を表して名づけられた。南北戦争中、VirginiaからWest Virginiaが分離し、35番目の州となった（1863）。

個人名からくるもの、その他には次のものがある。

Delaware（1610）はThomas West, Lord de la Wareから。

Pennsylvaniaは英国のクエーカー教徒William Penn（1644-1718）がチャールズ2世から譲渡され、ラテン語sylva, silva（森）をつけた。Sylvia, Silviaは「森の娘」の意味である。

Californiaはギリシア神話の島の名（Caliphia女王）。

Maine州はthe main（land of New England）より。

Rhode Island（3144 km^2, 最小の州）は1524年イタリア人Giovanni da Verrazanoが発見し、地中海のロドス島（Rhodos）に似ていたので、こう名づけた。1635年、オランダの植民者が、オランダ語らしくRood Eilandロート・エイラント（赤い島）と呼んだものをもとに直してRhode Islandとした。

ハワイ（Hawaii）は1959年、最後の州として合衆国入りした。ハワイ語はポリネシア系の言語で、「神の国」の意味。主要な8島と124の小島からなる。alohaはハワイ語でloveとか、こんにちは、さようなら、の意味。全人口の80%がオアフ島Oafuに住み、50%

が首都ホノルル Honolulu（静かな港の意味）に住む。アメリカの小説家マーク・トウェーンはハワイを「大洋に浮かぶ最も美しい島」と呼んだ。ハワイ諸島に最初に移住したのはポリネシア人だった。19世紀になると、西欧からの入植者に土地を奪われ、続々と移民してくる中国人、日本人、フィリピン人に働く場を奪われていった。1893年、女王リリウオカラニ Liliuokalani（1838-1917、在位1891-1893）がアメリカの武力で退位させられた。アメリカ合衆国はアメリカ・スペイン戦争（1898）の結果、ハワイ諸島を合併し、1900年に準州となり、1959年に50番目の州になった。Liliuokalani の語源は「高い地位に生まれた人の目の痛み」smarting in the eye of a high born person. 誕生のとき、養母の叔母が目を病んでいたので、この名がつけられた（ハワイ研究の専門家 Egil Magne Husebo さん、東海大学ノルウェー語教授による 2022.9.5）。

structure of personal names（人名の構造）

名前は「木村」木の多い村、「田中」田んぼの中に家がある人、など、複合語が多い。英語も同じで、Shakespeare は shake-spear（槍を振る人、武士、軍人；動詞＋目的語）のように複合語が多い。Theodore シオドア、テオドール、はギリシア語 Theódōros（＜theo-dōron 神の贈り物）、その女性形は Theodōrā（テオドーラー：アクセントが dō の上に代わる）、順序を逆にした Dorothea ドロテアはゲーテの叙事詩『ヘルマンとドロテア』（男女の主人公の名）に出る。愛称 Dorothy, Dolly, Dora, Doris も多い。ロシア語では th が f になり、Fëdor（フョードル）または発音に近く Fjodor と綴る。Fëdor Mikhai-lovič Dostojevskij（1821-1881）はドストイェフスキー家のミハイルの息子フョードルである。Theodor をロシア語に訳した Bogdan ボグダン（bog 神、dan 贈り物）の名も多い。

複合語は印欧語時代からの習慣で、キリスト教の時代になってからも Christopher クリストファー（キリストを運ぶ者、背負う者）のような命名法が行われる。ギリシア語の「運ぶ」は phérō プヘロー、ラテン語は ferō フェローで、ギ phóros プホロス 'that which is brought in, tribute, paid by foreigners to a ruling state, as that paid to Athens by her subject states' 貢物みつぎもの。

　複合語の例：Drinkwater＝フランス語Boileauボワロー（bois l'eau 水を飲みなさい）、Dolittle（怠け者）、Hakluytハクルート（1552-1616ごろ、英国の地理学者、'hack-little' 怠け者の木こりは「動詞＋名詞」の構造になっている。Hakluytの『アメリカ発見の航海』（1582）、『英国民の航行、旅行、発見』（1589）は16世紀の英国の植民を促進した。

　ゲルマン人名も複合語が多く、Adolf高貴なオオカミ、Albert高貴で輝かしい、Alfred妖精の忠告者、Alois（アロイス、アロワ、非常に賢い）は男にも女にも用いられる。アロワは『フランダースの犬』の主人公ネロの幼友達である。Nello は Nikolaus（niko-laus民衆の勝利）なのに、岩波書店刊の『フランダースの犬』研究書に主人公ネロ（Nello）をイタリア語nero ネロ（黒）と勘違いしている著者がいた。Bernardバーナード（クマのように強い）、Dietrichディートリッヒ（民衆の支配者）、Frederickフレデリック（守りの強力な）、Gunnarグンナル、Gunter, Guntherグンター（軍の戦士）、Leonardレオナード（ライオンのように強い）、Leonardo da Vinci ヴィンチ村のレオナルド、のようにドイツ語の影響がイタリア語にも及んでいる。

　以上の例のように、名詞＋名詞、名詞＋形容詞が多く、ゲルマン名は戦争や武器に関するものが多い。Siegfriedジークフリート（勝利と平和）、は北欧のSigurdシグルドにあたる。女子名もBrynhild ブリュンヒルド（戦いの甲冑）、Hildegardヒルデガルド（戦いにおいて守る者）、Ingridイングリッド（ゲルマン神Ingwioの騎士）、Mathildeマチルデ、Mechthildメヒルド（戦いにおいて力ある者）、Sieglindeジークリンデ（勝利の楯となる者）、など戦争に関するものが多い。

structure of words（単語の構造）

　単語の構造に3種類がある。

1. 単純語（simple word）：book, school.
2. 複合語（compound word）［ハイフンは切り目を示す］

   名詞＋名詞：man-kind 人類；states-man 政治家

   形容詞＋名詞：gentle-man 紳士；sweet-heart 恋人

   副詞＋動詞：in-come 収入；out-come 結果

   動詞＋目的語：pick-pocket スリ；tell-tale 告げ口（する人）

   　　　［put-pockets in London：2009 年、ロンドンで、これあげるよ、
   とお金や小物を他人のポケットに入れる習慣がはやった］

   形容詞＋名詞＋-ed：kind-hearted 親切な
3. 派生語（derivative word）［ハイフンは切れ目を示す］

   単純語＋接尾辞：kind-ness 親切

   接頭辞＋単純語：un-kind 不親切な

   接頭辞＋単純語＋接尾辞：un-kind-ness 不親切

   接頭辞 in-（ラテン語、否定）は次の子音に同化（assimilation）
   する：ir-regular（不規則の）。
4. 母音交替（アプラウト, Ablaut）：sing と song, bind と band におけ
   る母音の相違を Jacob Grimm は Ablaut と呼んだ（1822）。英語では
   mutation（vowel mutation）という。
5. 変母音（ウムラウト、Umlaut）。food（食べ物）から feed（食べ
   物を与える）を作る。*fōd-jan より。-jan は動詞語尾。これも Jacob
   Grimm の用語（1822）。
6. 無声と有声（voiceless and voiced）。名詞から動詞を作る。

   bath → bathe；grass → graze（草を食べる、食べさせる）
7. 混種語（hybrid）：起源の異なる要素の組み合わせ。

   beauti-ful（フランス語＋英語）

   be-cause（英語＋フランス語）

   サボる（フ *sabo*tage サボ＋日本語 oki*ru*, ne*ru*）

   ママさんバレー（英語＋日本語＋英語）［バレーは volleyball とフ
   ランス語の ballet がある］

   　　get together「集合する」は get-together とすれば「集合」の意味

となる。

stump-word（切り株語）examination を exam（試験）のように前方を生かし、後方を切り落とすのが英語の特徴である。これを切り株語という。ad 広告は advertisement の省略だし、gym 体育、体育館、も gymnastics の省略形である。gym のように y はギリシア語起源に多い。symphony, sympathy, lyric, mystery, physics…。Meg は Margaret の愛称。Mac は Macdonald. 日本でもマックと言っている。MacArthur（1945年、太平洋戦争で日本降伏の時の最高司令官）はケルト語でアーサーの息子の意味である。math は mathematics 数学。この th もギリシア語起源の特徴である。prep 準備、予備校は preparation, preparatory school の切り株語である。

suffix（主要接尾辞）

-age（フ、集合）：foli-age 葉の集合体；cour-age 勇気；cour-, cord- は
　　ラテン語で心；village 村、ラテン語 villa「別荘」の集合体

-ant, -ent（ラ、フ；人）：assist-ant 助ける人；stud-ent 学ぶ人

-dom（エ；抽象名詞）：free-dom 自由；king-dom 王国

-ee（フ、人；過去分詞）：employee 雇われた人、社員

-el（ヘブライ語「神」）：Daniel, Gabriel, Israel（神と戦う者；創世記
　　32,28）、Micha-el（ヘブライ語で、神のごとき者）

-en（エ、指小辞）：maid-en 乙女；chick-en ヒヨコ

-er, -or, -ar（エ、ラ；人）：writ-er 作家；visit-or 訪問者；begg-ar 乞う人、
　　乞食

-ese（ラ、-ensis；形）：Japanese, Chinese

-ess（ギ；女性）：actr-ess 女優；princ-ess 姫

-et, -ette（フ；指小）：pock-et ポケット, poch-ette ポシェット（フラ
　　ンス語のポケットは poche ポシュ）；kitchen-ette 小さなキッチン
　　（英＋フ）

T

technical and cultural words（学術語と文明語）

学術や文明の用語は、ラテン語やギリシア語が多い。西欧諸語は、

新しいことを学ぶことに熱心で、その用語も、ほとんど無防備に借用してきた。

　「新しいことに熱心な」novārum rērum stūdiōsus ノワールム・レールム・ストゥーディオースス 'studious of new things' は『ガリア戦記』の著者カエサル（Gaius Julius Caesar, 100-44 B.C.）の言葉である。カエサルは政治家、また将軍として、見識と決断力と寛大をもってヒスパニア Hispania（スペイン）、ガリア Gallia（フランス）、ブリタンニア Britannia（イングランド）を平定し、ローマの領土を拡大したが、散文作家としてもすぐれ、Gallia omnis est dīvīsa in partēs trēs…ガッリア・オムニス・エスト・ディーウィーサ・イン・パルテース・トレース…「ガリア全土は三つの部分に分けられる」で始まる『ガリア戦記』8巻（第8巻は部下の A.Hirtius が書いた）はラテン語入門のあとの読本として用いられる。絶世の美女クレオパトラトの恋愛でも有名である。ローマの学問は artēs līberālēs（liberal arts）として知られる。この liberal はだれでも自由に学ぶことができる、の意味ではなく、自由民（līberī）にのみ許されていた学芸で、文法、論理学、修辞学、算術、幾何、音楽、天文の7学科である。ラテン語の形で grammatica, logica, rhetorica, arithmetica, geometrica, musica, astronomica である。ars は art の語源で、女性名詞なので、形容詞が女性形になり、ars grammatica（art of writing, 書くことの技術）、ars mūsica（芸術の女神ムーサの技）の ars が省略されて、grammar や music となった。フランス語 grammaire グラメール、musique ミュジク、ドイツ語 Grammatik グラマティク、Musik ムジーク、は、みな女性名詞である。この7つの用語は、いずれも、ギリシア語からローマ人が借用したもので、rh や th は、ギリシア語の特徴である。

　自由民の līberī リーベリーは līber リーベル「自由な」の複数形で、奴隷セルウィー（servī）に対する。liber リベルと短く発音すると「本」の意味になり、library の語源になる。ラテン語の母音間の -b- はフランス語で -v- となるので、フランス語の「本」は livre リーヴ

ルとなる。

　大学の教養学科は語学、自然科学、哲学、歴史、芸術、社会科学で、これを教える学部は教養学部（Faculty of Liberal Arts）と呼ばれる。

　science（科学）はフランス語でも science シャンスだが、ラテン語 scientia スキエンティアからきている。語幹 sci- スキ「知る」に名詞語尾 -entia がついたものである。「科学」のドイツ語 Wissenschaft ヴィッセンシャフトは、wissen ヴィッセン「知る」に名詞語尾 -schaft シャフト（friendship の ship）がついた。ラテン語 scientia はドイツにまでは侵入しなかった。「言語学」はラテン語で scientia linguistica（言語の科学）といい、英語で linguistic science ともいうが、linguistics というほうが多い。フランス語も linguistique ランギュイスティクという。ドイツ語の「言語学」は、上記のほかに Linguistik（アクセントはグィ）リングィスティクがあり、これは 20 世紀後半の新しい言語学を含んでいる。「言語学辞典」は Sprachwissenschaftliches Wörterbuch（伝統的言語学）と Linguistisches Wörterbuch（新しい言語学を含む）がある。

　ラテン語 lingua は「言語」と「舌」の両方の意味があり、フランス語の langue ラングも同じで、langue de chat ラング・ド・シャは「ネコの舌」だが、フランスの、薄くやわらかいクッキーをさす。このことは、舌がことばを発する上で重要な役割を果たしていることを示している。ドイツ語の「舌」Zunge ツンゲには「言語」の意味はない。

　言語学の用語はギリシア語起源が多い。grammar, etymology, phonology, morphology, syntax などである。grammar は「書く技術」（ars grammatica）、etymology は「（語の）本来の意味を知る学問」、phonology は「音論」、morphology は「形態論」、syntax は「（語の）結びつき」の意味である。b, o, o, k をつなげて book と書いて buk と発音するのは音論（phonology）であり、book-s で複数を作るのは形態論であり、this is a book と文章にするのは syntax である。syntax

を小林英夫先生は「統辞論」と訳している。「統語論」と訳す人も多い。「統辞論」は syntax of words and phrases だが、「統語論」は syntax of words である。phonology（音論）はギリシア語 phōnē プホーネー（音）、morphology（形態論）はギリシア語 morphē モルプヘー（形、カタチ、形態）、-logy は学問名の接尾辞だが、もとは lógos（ことば）で、その語源は légō レゴー（言う）である。semantics（意味論）の語源は sēma セーマ（記号）である。

literature（文学）の語源はラテン語 litterātūra リッテラートゥーラで、littera リッテラ（文字）であること（-tūra）の意味である。

文芸用語はギリシア語起源が多い。poetry, lyric, epic, drama, comedy, tragedy, theater, prosody, iambic, trochaic など、詩学や韻律もギリシア人が 2500 年も前に、概念と用語を創造し、西欧に伝えた。

詩学（ars poetica）はアリストテレス Aristoteles（384-322B.C.）が創造したもので、poetry, poem, poesy はギリシア語 poiéō ポエオー（作る、創造する）からきている。詩人は創造者であった。チョーサーにも maker が「詩人」の意味に用いられている。lyric（抒情詩）は lyra リュラ（竪琴）の形容詞であり、epic（叙事詩）は epos エポス（物語）の形容詞である。epic はホメーロスの『イーリアス』や『オデュッセイアー』、ウェルギリウスの『アエネーイス Aenēis』（ローマ建国を語る詩）を指す。語尾 -ic はギリシア語起源の形容詞語尾で、comic, tragic など、例は多い（-sh は English, Spanish など本来の英語）。

［要旨］1.　英語・ドイツ語に共通の単語（例：book, Buch；go, gehen）はゲルマン系、つまり、本来の英語、純粋な英語で、基本語や文法的な単語である。2.　英語・フランス語に共通の単語（例：river, rivière）はフランス語ないしラテン語からの借用語。

3.　英・独・仏に共通の単語（literature, Literatur, littérature）はラテン語かギリシア語からの文明語であることが多い。ch, ph, ps. rh, th はギリシア文字は 1 文字だった。以下はギリシア語起源。
ch［k］：chaos, chemistry, chorus

ph：philosophy, philology, graph

ps：psychology, epilepsy, pseudonym

rh：rhythm, rheumatism, rhapsody

th：theater, theology, theme, mathematics

y（アクセントのある［i］：system, myth, gyps

-ma（中性名詞）：aroma, drama, dogma, magma, drachma（ギリシア
の貨幣単位）。system ＜ sýstēma組み合わせ［sys＝syn］

　読者のみなさんも、探してみてほしい。

time（時の表現）

　timeは本来の英語であるが、hour, minute, second（秒）のような
時の単位は、すべてラテン語からフランス語を経由して英語に入っ
た。hourはフランス語heureウールからだが、そのもとはラテン語
horaホーラ、さらにギリシア語hōrāホーラーで、語根*yēr- イェー
ル, yōr-ヨール「行く、過ぎる」（yearの語源）にさかのぼる。min-
ute（分）はラテン語pars minutaパルス・ミヌータ（細かく分けら
れた部分）、second（秒）はラテン語secundaセクンダ（2番目に分
けられた）からきている。secundusセクンドゥスは「次にくるべ
き」から「第二の」の意味になった。*seqw-「従う」からフランス
語suivreシュイヴル「従う」となり、その名詞形suiteシュイト「続
き部屋」は英語や日本語にもなっている。英語にはいったsequence,
consequenceはラテン語sequorセクウォル「従う」に近い子音の状
態をとどめている。

　英語hourはone hour「1時間」, two hours「2時間」, three hours「3
時間」のように用い、フランス語une heureユヌ・ウール, deux heu-
resドゥ・ズール, trois heuresトロワ・ズール、という。しかし、ド
イツ語は、同じラテン語由来のUhrウーアを用いて、ein Uhrアイ
ン・ウーア, zwei Uhrツヴァイ・ウーア, drei Uhrドライ・ウーアと
いうと one o'clock, two o'clock, three o'clock（o' は of the clock）の意味
となる。eine Uhrアイネ・ウーア, zwei Uhrenツヴァイ・ウーレン,
drei Uhrenドライ・ウーレンは「時計1個」「時計2個」「時計3個」

の意味になる。「1時間」「2時間」「3時間」勉強した、のような場合は eine Stunde アイネ・シュトゥンデ, zwei Stunden ツヴァイ・シュトゥンデン、drei Stunden ドライ・シュトゥンデン、という。この Stunde は stehen シュテーエン「立っている」の派生語。

Turkish（トルコ語）

　オスマン語、またはオスマン・トルコ語ともいう。1453年、ビザンチン帝国を打ち破ったオスマン帝国の名からきている。トルコ共和国の5700万人に用いられる。1929年近代トルコの建国の父と呼ばれるケマル・アタチュルク Kemal Atatürk が従来のアラビア文字をラテン文字に変えた。Atatürk は「トルコの父」の意味で、国民から敬愛された。アラビア語とペルシア語の影響が大きいが、これら外来語要素を排除する努力が行われている。トルコ語の特徴は (1) 母音調和（ev「家」の複数は evler, at「馬」の複数は atlar.（2) 膠着コウチャク語（ev-im-de 家・私の・中で）(3) 彼・彼女の区別がない（ウラル語・アルタイ語一般）。coffee（コーヒー）は、いまや、お茶と並ぶ世界の飲料だが、この語はアラビア語を出発点として、トルコからウィーン、パリを経て、世界中に広まった。1529年トルコ兵がウィーンを撤退するときに残していったことから、コーヒーの旅が始まった。日本へはオランダを経由してきた。

　ほかに caviar, tulip, yogurt が英語を通して世界に広まった。Menderes メンデレス川の名はギリシア語起源の meander（曲がりくねって流れる、蛇行する）からきた。turban（ターバン）はイスラム教徒の頭巾だが、tulip と同じ語源である。

V

Vienna（ウィーン）の語源はケルト語 Vindo-bona（白い町）。

ウィーンの胃袋：ウィーンはとても大きな胃袋をもっている。ヘーベル Johann Peter Hebel（1760-1826）の『ドイツ炉辺ばなし集』（岩波文庫）によると、1806年11月1日から1807年10月31日までに平らげられた家畜は、なんと、牡牛6.6万頭、牝牛2000頭、子牛7.5万頭、羊4.7万頭、子羊12万頭、ブタ7.1万頭だった。肉が多いと、

パンも多い。肉やパンがあれば、当然、ワインやビールも必要だ。料理のために、そして、部屋の暖房のために、薪や石油も消費せねばならない。大都会では金がかかる。当時、パリやロンドンは、まだ、大きな村（grosse Dörfer）にすぎなかった。

viking の足跡（track of the vikings, ド Spur der Wikinger）

　印欧語民族（Indo-European peoples）のうち、最も広範囲に移動を行ったのはゲルマン民族である。その一つがヴァイキングの移動と襲来である。その前に、ゲルマン民族の三つのグループについて述べる。東、西、北の三つのグループに分かれるが、東ゲルマンの主要民族であるゴート人（Goths）はスカンジナビア半島の南部からバルト海を渡り、ポーランドを経て、西暦150-180年ごろ、黒海沿岸のクリミア半島に強大な帝国を建てた。269年、東ゴート人と西ゴート人に分かれた。東ゴートは4世紀にフン族と激戦ののち、今日のオーストリアにあたる地域に移住し、488年、ディートリッヒ（Dietrich the Great）はイタリア、ダルマチア、アルプス、プロヴァンスを含む大帝国を建設した。一方、西ゴート人は5世紀後半にイベリア半島に西ゴート王国を築いた（首都トロサ Tolosa；フランスの Toulouse トゥールーズ；語源はケルト語で丘）が、711年アラビア人の侵入により滅びた。

　北ゲルマン民族はデンマーク人、スウェーデン人、ノルウェー人の総称である。彼らのうち、750-1050年ごろ、全ヨーロッパを蹂躙（じゅうりん）した者たちをヴァイキングと呼び、西欧のキリスト教徒にとっては恐るべき海賊であり、略奪者、野蛮な異教徒であった。ヴァイキングは vik（ヴィーク、入り江）に住む者、の意味である。彼らのルートは東方、北方、西・南方の三つに分けられる。

　（1）東方ルート。スウェーデンのヴァイキングはロシアに入りラドガ湖（Lake Ladoga）からドニエプル川を下って、ノヴゴロド（Novgorod, 新しい町の意味）、キエフを通り、コンスタンチノープルに至った（Constantinople, 東ローマ帝国の王コンスタンチノスの町、-ple = polis 町）。この町を彼らの言語でミクラガルド Mikla-gard,

Miklagarðr, 大きな町の意味）と呼んだ。mikill（大きい）はmega-lopolis（メガロポリス、巨大都市）やメクレンブルク Mecklenburg（大きな町の意味）に見え、ガルドは英語gardenと同じ語源であり、またLeningradレーニングラード（レーニンの町）やBeogradベオグラード（白い町）のgrad（町）も同様である。

（2）北方ルート。ノルウェーのヴァイキングはアイスランド（氷の島、872年）とグリーンランド（緑の島、982年）を発見し、北アメリカの東海岸の土地をヴィーンランド（ワインの国）と呼んだ（1000年ごろ）。

（3）西方および南方ルート。デンマークのヴァイキングはイングランド、フランス、イタリアを通り、ギリシアのアテネに至った。

　ヴァイキングは新天地で植民地を建設し、次第にキリスト教の国民の中に溶け込んでいった。彼らの言語（ノルド語）は消滅したが、借用語や地名に痕跡を残した。ロシアの男子名オレグOleg, オリガOlgaは北欧人のヘルギHelgi, ヘルガHelgaからきて、「聖なる男」「聖なる女」の意味であり、ロシア北端の不凍港ムルマンスクMur-manskはノルド語normansk「北欧人の町」の意味である。

　以上をまとめると、1. ヴァイキングは750-1050年ごろ、西欧の各地に、イギリス、フランス、イタリア、ロシア、ビザンチウムに遠征し、植民した。最初は略奪や殺戮を行ったが、のちにキリスト教に改宗して、新天地に根をおろした。

2. ノルド語起源の語は地名Derby, Rugbyなどの -by（町）や、cast, die, gap, husband, knife, take, windowのような生活に密着した、基本的な単語に見られる。

village → town → city（村、町、市）筆者は中学時代と高校時代を東京都南多摩郡町田町（新宿駅から小田急線で新原町田駅下車；1976年に駅名は町田駅に改称）で過ごした。1889年町田村が1913年町田町となり、1958年町田市となった。villageはラテン語villa（ウィラ、別荘）の集合名詞である。townは語源的にはドイツ語Zaun（ツァウン、芝生の意味）にあたる。フランス語はtownとcityの区

別がなく、ともにvilleヴィルを用いる。ドイツ語もtownとcityの区別がなく、ともにStadtシュタットを用いる。Stadtの語源は*stā-「立っている、いる」、つまり、「人がいるところ」である。ドイツ語Altstadt（古い都市）は第二次世界大戦の空襲で焼けた中心部で、その跡地にNeustadt（新しい都市）が誕生した。フランス語でParis est la capitale de la France.パリはフランスの首都である、という文のcapitaleはville capitaleの略である。capitalはラテン語caputカプット（頭）の形容詞からきている。

索　引（word index）

著者プロフィール

下宮 忠雄 (しもみや ただお)

1935年、東京生まれ。1961年早稲田大学第二文学部英文科卒。
1961-1965東京教育大学大学院でゲルマン語学、比較言語学専攻。
1965-1967ボン大学留学。1967-1975弘前大学講師、助教授（英語学、言語学）。1977学習院大学教授（ドイツ語、ヨーロッパの言語と文化）、2005名誉教授。2010文学博士。
主著：ドイツ語語源小辞典；ドイツ西欧ことわざ名句小辞典；グリム童話・伝説・神話・文法小辞典；バスク語入門（言語と文化）；ノルウェー語四週間；言語学I（英語学文献解題I）。

英語の語源あれこれ辞典
Essays in English Etymology

2023年6月15日　初版第1刷発行

著　者　下宮　忠雄
発行者　瓜谷　綱延
発行所　株式会社文芸社
　　　　〒160-0022　東京都新宿区新宿1-10-1
　　　　　　　　電話　03-5369-3060（代表）
　　　　　　　　　　　03-5369-2299（販売）

印刷所　株式会社フクイン

ISBN978-4-286-30102-0